教育部 2022 年高校思想政治工作精品项目"以精准思政大数据一体化平台建设为载体，构建多跨协同集成创新的系统育人场景"成果

STARS

Theory

and

Practice

STARS 学工文化的
理论根脉与实践探索

钱 波 著

ZHEJIANG UNIVERSITY PRESS
浙江大学出版社
·杭州·

序 言

　　教育是国之大计、党之大计。高校思想政治工作关系到高校培养什么样的人、如何培养人以及为谁培养人这个根本问题。党的十八大以来，以习近平同志为核心的党中央把高校思想政治工作摆在突出位置，作出一系列重大决策部署。2016 年 12 月，习近平总书记在全国高校思想政治工作会议上强调，"要坚持把立德树人作为中心环节，把思想政治工作贯穿教育教学全过程，实现全程育人、全方位育人，努力开创我国高等教育事业发展新局面"①。对进入新时代的高校思想政治工作，习近平总书记站在坚持和发展中国特色社会主义、实现中华民族伟大复兴中国梦的战略高度，发表了一系列重要讲话，科学回答了高校思想政治工作一系列方向性、根本性问题，提出了一系列新思想、新要求，为我们指出了根本遵循和努力方向。

　　在全国高校思想政治工作会议上，习近平总书记指出，做好高校思想政治工作，要因事而化、因时而进、因势而新。②当今世界正在经历百年未有之大变局，当今的青年学生在世界多极化、经济全球化、社会信息化和文化多样化的时代背景之下成长起来，并经受着纷繁复杂的社会思潮的深刻影响。面对新时代、新变局，顺应当代青年学生的时代特征、思想特征、心理特征，推动高校思想政治工作，需更新理念、改革创新，借助新手段、探索新模式、解决新问题。学生工作在高校思想政治教育环节中具有根本性、基础性和前提性的价值和地位，更加需要适应新形势，与时俱进地开展新变革，在贴近学生、了解学生上下功夫，在主动适应青年学生的特点上下功夫，让思政工作更加厚重温暖，

---

　　① 习近平：把思想政治工作贯穿教育教学全过程 开创我国高等教育事业发展新局面 [N]. 人民日报，2016−12−09.

　　② 习近平：把思想政治工作贯穿教育教学全过程 开创我国高等教育事业发展新局面 [N]. 人民日报，2016−12−09.

更具有吸引力、感染力。

高校学工文化是学生工作的核心灵魂和精神支柱，是由高校学生工作队伍创造的具有学生工作特色的精神文化、物质文化、制度文化、行为文化的总和，不仅对学生工作者的思想观念和价值取向产生多方位、深层次的影响，更对大学生学业发展、精神培育、成长成才发挥着重要的感染、引导、教育作用。为此，2016 年，杭州电子科技大学（以下简称杭电）党委书记王兴杰从坚持高等教育"四个服务"出发，从传承"笃学力行、守正求新"的校训精神和"国家大事，千万尽力"的杭电精神出发，从以学生为本出发，从促进学生工作专业化、标准化发展出发，坚持目标导向、问题导向、需求导向、效果导向，提出了建设杭州电子科技大学 STARS（即"群星灿烂"）学工文化体系，致力于通过践行"服务（service）、团队（team）、欣赏（appreciate）、责任（responsibility）、专业化（specialization）"的学生工作标准，积极打造具备"简单、正直、有书卷气"品质的思政教师队伍，努力营造"讲诚信、知廉耻、求真知"的校风学风氛围，培养"有情怀、有本领、有品位"的当代大学生。

习近平总书记指出，加强高校思想政治工作，"要注重文化浸润、感染、熏陶，既要重视显性教育，也要重视潜移默化的隐形教育，实现入芝兰之室而自芳的效果"①。因此，王兴杰书记希望通过 STARS 学工文化体系的建设，让新时代新形势下的杭电学生工作聚焦聚力学生全面发展第一要务，紧紧贴近学生、关爱学生、服务学生，积极探索德育有效方法，思学生之所想，答学生之所疑，解学生之所惑，为学生工作"为谁做、做什么、做给谁、怎么做"和"应该在哪儿用力、对谁用情、如何用心、做什么样的人"的问题提供参照与示范。关于 STRAS 学工文化的终极愿景，他概括为：让辅导员成为学生心目中最闪亮的启明星，让学生成为辅导员心目中最美好的文曲星，让杭电的星空"群星灿烂"，让高校思想政治教育工作与时代发展和青年成长"同呼吸、共命运"，是答好"立德树人成才"时代问卷的根本。

6 年来，杭电把推进 STARS 学工文化建设摆在突出位置，围绕"国之大者"，开展顶层设计，强化基础建设，创新体制机制，最大限度整合各方资源，积极开

---

① 习近平首次点评"95 后"大学生 [N]. 人民日报，2017-01-03.

展学生教育管理服务的新实践、新探索。党委大学工战线投入大量精力，统筹规划、精心组织、持续推进，按照"工作系统化、资源一体化、内容阶段化、效果质量化"的要求，抓住队伍建设、文化营造、平台搭建、项目设计、资源整合、科学评价六大重点，制定 STARS 学工文化建设实施方案，扎实推进学生工作科学化、规范化、制度化建设。在全校师生的共同努力下，杭电学工队伍主动性、积极性和创造性不断增强，政治意识、育人情怀和奉献精神得到极大激发，取得了一批富有特色的标志性德育成果，涌现出"全国年度辅导员人物"等一批先进个人，"精准思政""智慧思政"网络育人模式在全国产生重要影响，广大学生的理想信念、专业知识和素养能力得到了全面提升。

为帮助广大高校学生工作者了解杭电 STARS 学工文化体系的建设，笔者从落实立德树人根本任务全面性要求出发，从新时代高水平学生工作文化全面提升人才培养质量的视域，从人本理论、学生发展理论、团队理论、激励理论、专业化理论等多个维度，从理念创新到实践探索、从坚守初心到制度变革、从管理服务到思想引领、从模式构建到典型经验等方面，带领大学工战线的同志在工作实践中深入挖掘 STRAS 学工文化的本质内涵、理论基础和实践经验，主持撰写了《STARS 学工文化的理论根脉与实践探索》一书。

《STARS 学工文化的理论根脉与实践探索》坚持以学生为本，以"三全育人"理念为统领，以学工文化建设为切入口，以丰富思想政治工作内容供给为重点，聚焦杭电推进 STARS 学工文化建设的经验，解析杭电思想政治工作的创新实践。本书基于"实践—认识—再实践—再认识"的哲学逻辑，以"总体概论—具体分述—未来展望"为主线，共分 7 章，对 STARS 学工文化的基本内涵、理论逻辑和实践逻辑进行了系统阐释；每一章围绕一个核心建设载体，从文化概述、杭电足迹、杭电经验三个部分进行详述，探索研究解决学生工作的共性问题，全景式、立体式地展示杭电通过实施 STARS 学工文化取得的工作经验和实践成果。

可以说，《STARS 学工文化的理论根脉与实践探索》是具有杭电学工文化特质的研究成果，希望此书的出版能对大家深入了解杭电 STARS 学工文化建设的思想渊源和实践历程，系统把握杭电 STARS 学工文化的建设原则、目标和价值展望有所帮助，对充实思想政治教育理论创新与实践探索有所补充。也希望借此能够为兄弟高校开展学生工作提供"杭电方案"，共同探究新时代学工文化建设新方式，共同丰富教育实践新方法，共同做好立德树人这篇大文章，助推学生成长成才，为新时代中国特色社会主义培养合格的建设者和接班人做出积极贡献。由于理论水平和时间精力有限，书中一定有很多不足之处，敬请各位读者和专家批评指正。

时代步伐永不停顿，社会实践永无止境，学生工作永无尽头。今天在校的青年学生是未来实现中华民族伟大复兴中国梦的主力军，青年一代有理想、有担当，国家就有前途，民族就有希望。立足新时代高校学生工作的新特点、新要求，杭电将坚持以习近平新时代中国特色社会主义思想为指导，深入践行习近平总书记关于德育工作的重要讲话精神，坚守立德树人的学工文化初心使命，深入推进STARS学工文化体系建设的迭代升级，建设特色更加鲜明的学工文化品牌，大力提升STARS学工文化建设成效，引导学工队伍厚植爱国主义情怀，强化责任意识、奉献精神，以爱心拥抱学生，以真情服务学生，以榜样激励学生，以笃学熏陶学生，促进学生德智体美劳全面发展，努力培养具有家国情怀、国际视野、创新精神和实践能力的高素质人才，让每一个学子都有人生出彩的机会。

最后，再次感谢中共浙江省教育工作委员会宣传教育与统战处和中共杭州电子科技大学委员会的悉心指导！感谢兄弟高校的经验分享！感谢杭州电子科技大学相关职能部门和学院的大力支持！

杭州电子科技大学党委副书记　钱　波
2022 年 6 月 18 日于杭州电子科技大学守正书院

目 录

第一章 STARS 学工文化概论

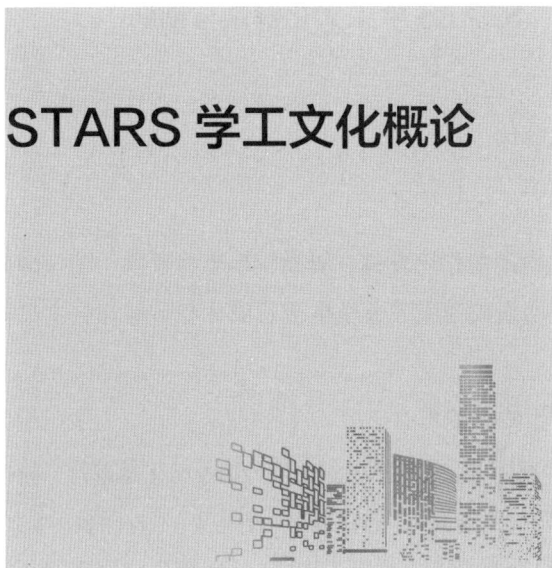

　　新时代的杭州电子科技大学（以下简称杭电）学生工作围绕人才培养，将学生成长成才视为第一要务，实施学生工作质量提升行动，重视文化育人，建立质量标准，完善自我评估，落实主体责任，以专业化理念建设学生工作队伍，以爱心拥抱学生，以真情服务学生，以榜样激励学生，以笃学熏陶学生，将过程统筹与服务入微贯穿于服务学生发展的全过程，与莘莘学子一路相伴，共同成长。党的十九大召开之后，杭电结合学校60多年学生工作文化积淀，融入新时代学生工作新要求，提出了STARS即"群星灿烂"的育人文化理念，STARS五个字母分别对应服务（service）、团队（team）、欣赏（appreciate）、责任（responsibility）、专业化（specialization）。该理念致力于通过践行"服务、团队、欣赏、责任、专业化"的学生工作标准，积极打造具备"简单、正直、有书卷气"品质的辅导员队伍，努力营造"讲诚信、知廉耻、求真知"的校园文化氛围，重点培养"有情怀、有本领、有品位"的当代大学生。通过STARS育人理念实践，杭电的愿景是让辅导员成为学生心目中最闪亮的启明星，让学生成为辅导员心目中最美好的文曲星。

第一节　STARS 学工文化解读与创新

一、STARS 学工文化解读

（一）服务

学校高度重视网络育人空间的作用发挥，提高学生工作效率，缩短师生交流距离，提高服务学生能力，让网络成为服务大学生成长成才和传播社会主义核心价值观的高地。

1. 以"杭电助手"为代表的服务平台

"杭电助手"是杭电助手社团开发的微信公众号，2013 年开始运营，精准提供个性化的服务，如设置了"阳光长跑查询""表白墙""查电费""查课表"等服务板块。2016 年，"杭电助手"微信公众号荣登"腾讯 2016 全国高校公众服务号排行榜"榜首。目前，杭电已经形成了"杭电助手""杭电学生""在杭电""杭电后勤生活"等一大批新媒体平台和以数字化校园、学生信息管理系统为代表的信息化平台。

2. 借助微平台唱响主旋律

杭电通过微信宣传报道杭电"最美学生"邵镇炜的励志故事和他的 61 人后勤粉丝团，宣传优秀辅导员的工作事迹。借助微平台处理突发事件，面对学生在图书馆抢座的风波，学工部联合图书馆微信公众号，第一时间发布相关信息，并推出网上预约座位系统，及时有效地化解了矛盾。为帮扶贫困生，杭电推出"同学，你家的特产，杭电来代言"活动，受到了社会各界的关注。

（二）团队

1. 确保辅导员队伍可持续发展

杭电坚持辅导员队伍的多渠道引进，开通北京招聘辅导员的人才直通车，确保按要求配备辅导员。学校在人才引进过程中，大力支持引进博士毕业生担任专职一线辅导员。对新入职辅导员，学校要求工作的前 4 年一般不允许调动岗位。

2. 建立辅导员工作方法标准

杭电从思想理念、工作方法、作风建设等方面提出了学生工作标准。对学院的学生工作，提出5个对照标准，即"学工队伍精神状况好不好，学生工作家底清不清，学生工作特色明不明显，学生工作与教学、科研工作合不合拍，师生关系亲不亲"，对高校大学生宗教信仰工作，提出了"摸清底数，守住底线，强化引导，防范渗透，加强研究"的工作方法标准。对学院的学生工作负责人，要求做到"思想认识有高度，分析问题有深度，学生感情有浓度，工作指导有力度，理论功底有厚度"；对一线专职辅导员，要求以"最根本的因素是关爱，最有效的方法是交流，最基本的作风是深入，最主要的经验是贴近，最可贵的精神是敬业，最关键的素质是视野"为依循。

3. 多渠道促进辅导员发展

杭电出台《杭州电子科技大学辅导员导师制实施办法（试行）》《杭州电子科技大学辅导员入住公寓管理办法》《杭州电子科技大学班主任管理办法》等管理办法，推进辅导员职称评审改革，加大工作业绩在职称评审中的分量和可替代性。开展辅导员集中学习会、新入职辅导员学习沙龙，组织辅导员校内职业能力大赛、博文大赛和案例分析大赛，选派辅导员到企业挂职锻炼。以辅导员发展中心为平台，学工部设立专门场所，划拨专项经费，重点建设和培育指南针新媒体工作室、五心坊学工标准化工作室、月牙湾辅导员成长工作室、"智慧学工"辅导员工作室等10个辅导员工作室。2019年以来，杭电共有全国高校优秀思想政治教育工作者1人，全国高校辅导员年度人物1人，全国高校辅导员年度人物提名奖获得者1人，浙江省优秀教师暨浙江省高校优秀辅导员5人，浙江省高校"三育人"先进个人2人，国家级和省级高校辅导员职业能力大赛一、二等奖获得者5人。

（三）欣赏

杭电每年组织校十佳大学生评比和先进班集体评比，组建"E路同行优秀大学生宣讲团"深入学生宿舍、新生训练营、青山湖校区开展宣讲。出台《杭州电子科技大学关于加强和改进本科生学风建设的实施意见》等系列文件，组建学风建设督查队。通过"杭电学生"微信公众号，开展"高等数学期末复习谈"等学习指导直播活动，详细解答学生问题。以"学风建设"为主题开展班团活动，设置"党员学习先锋岗"，推动"班级公约"等学风建设活动。实施校领导和中层干部"益师e友"工作计划，领导干部走访学生寝室，与学生进行座谈交流，对学生进行个别指导，参与学生活动，关注学生思想动态，营造关爱学生的育人氛围。

（四）责任

1. 关心大学生生活

构建以提高贫困学生素质和能力为主体的发展型资助体系，形成"奖、助、贷、勤"多位一体的资助模式，保证贫困生全部受助。打造"阳光体育""本科生助教"和"宏志学子就业技能帮扶"品牌。开展学校十佳勤工助学之星评比等活动，鼓励支持学校近5000名贫困生克服经济困难、追求卓越。针对家庭经济困难、存在心理问题、身体残障、住宿校外、学习困难的学生以及来自新疆、西藏的少数民族学生，进行有重点的教育帮扶，做到"施教分类、有教无类"，体现对特殊学生群体的关爱与责任。

2. 关爱大学生心灵

构建"课程教学、咨询服务、宣传教育、学生自助、科学研究"五位一体的发展模式，搭建涵盖专兼职心理咨询团队、学院心理辅导站、班级心理委员和寝室长的四级工作网络。在开学初对全体学生进行心理问题排查，对每一届新生开展心理普查并进行重点访谈，对需要咨询和就医的学生予以持续关注。周一到周五均接待学生咨询，定期开展心理沙龙和团体辅导，满足学生心理健康成长的需要。隔周请专科医院医生来校评估有心理疾病倾向的学生，对有严重心理问题和心理疾病的学生，学院与中心密切配合、共同帮扶。

（五）专业化

1. 制订学生工作考核标准

为健全学校、学院学生工作运行机制，促进学生工作科学化、规范化、制度化，杭电制定《杭州电子科技大学学院学生工作考评办法》。该办法坚持三个质量考评原则，即目标考评与过程考评相结合、定量考评与定性考评相结合、共性考评与个性考评相结合。目标考评主要对应学院年度目标任务完成情况；过程考评主要对应学院学生工作整体情况；定量考评适用于可量化的工作，定性考评适用于无法量化的工作，综合考评结合定量和定性考评。在体现共性的基础上，根据学院学科设置、专业特点及学生个体差异等，有针对性地考评工作的创新和特色。

2. 重视学生工作自我评估

杭电根据《普通高等学校大学生思想政治教育工作测评体系》，制定了《杭州电子科技大学学院学生工作互观互检互学观测点》，涵盖学院学生工作组织体系、队伍建设，学生思想政治教育、日常管理与安全稳定、学风建设、招生就业、素质拓展、重点工作、特色创新等主要内容。每年年终，学校校领导带领学工部、研工部、招生就业处、团委等职能部门，组织不同学院互相检查、互相学习，通过学院的自我总结，交叉评估，建立了较科学的学生工作常态化自我评估模式。杭电还计划组织学院和相关部门，根据评估情况，发布学生工作系列年度报告。

二、STARS 学工文化校史溯源

美国著名教育家弗莱克斯纳（Abraham Flexner）说，在保障大学的高水准方面，大学精神比任何设施、任何组织都更有效。每一所大学，都有它独特的精神气韵。一所好的大学，离不开持之以恒的大学文化建设。

杭电伴随着中华人民共和国航空事业的起步而诞生，是一所信息科技特色鲜明、创新创业文化突出的多科性大学，在 60 余年的办学历程中积累了独特的信息科技文化。杭电以学科建设为主线，抱定"文化育人"的理念，抓好顶层设计，构建文化体系。坚持以"优化大学育人环境、打造信息科技文化校园"为主题，以"文化继承与文化创新相衔接、科学精神与人文精神相融合"为导向，以"解放思想，脚踏实地；系统设计，分步实施；展示形象，体现特色；师生参与，专家把关"为原则，推进精神文化、制度文化、物质文化、行为文化"四位一体"建设。用校园文化推动大学的改革发展，全面提升学校文化软实力，用一流的大学文化引领学校发展。

（一）"国家大事，千万尽力"的深厚历史文化积淀

传承校史文化，厚植精神内涵。1956 年，回国不久的钱学森向中共中央建议，建立三所为国防工业培养航空技术类人才和财经管理类人才的学校，这三所学校分别就是今天的北京航空航天大学、南京航空航天大学和杭州电子科技大学。"国家大事，千万尽力"，这是杭电老院长蒋葆增的临终嘱托，也是一代又一代杭电人的人生座右铭。

杭电一直以培育具有家国情怀、使命担当的新时代公民为己任，历经 60 余年

的传承与创新之后，形成了以精神文化立核心、环境文化上层次、品牌文化显成效、网络文化呈特色的独特文化基础，积累了独特的校园"精气神"。杭电的精气神，在于"笃学力行，守正求新"的自我修养，更在于"国家大事，千万尽力"的家国情怀。

杭电"科研人"坚持走自主创新之路，为学生树立榜样，为谋国家富强、民生福祉勇攀科技高峰。芯片一直是国人之痛，早在60多年前，杭电人就开始了造"芯"。著名半导体专家邓先灿教授，1956年就参与研发了我国第一支晶体管，获得国家科学技术进步奖一等奖，研制的第一台半导体收音机让毛主席第一次从收音机里听到了《东方红》。她曾说："硬盘就好比是存储数据的仓库，控制器芯片就是仓库的看门人，看门人必须是中国人，信息才能够安全。"以邓老为代表的老一代杭电人带着科研报国的初心，披荆斩棘，让百废待兴的中国焕发"芯"机。邓先灿教授的学生，杭电骆建军教授，十年磨一剑，于2012年研发出中国第一颗固态硬盘控制器芯片，这打破了国外的产业垄断，实现了邓先灿教授的梦想，他也成为最美浙江人、浙江骄傲人物。他曾说："我有个梦想，做出具有真正国际化水平的集成电路，将中国人的信息存放在咱们自己的硬盘上。"这一句话激励了无数杭电人投身芯片研发事业。2020年新冠肺炎疫情席卷全球，杭电人再次以科技之"芯"践行着自己的初心和使命，用科研助力打赢疫情防控阻击战。杨勇教授研发的智能杀菌机器人让新冠肺炎患者CT检测效率提升了10倍，用智能之"芯"助力抗击疫情。

邬惠峰教授，勇闯"无人区"，研发出国内首台2000吨级多工位对置成型装备，填补了我国在该领域的空白，获2021年浙江省科学技术奖一等奖。侯平智教授，深耕西部数十载，主导的"一带一路"联合实验室，实现了我校国家级实验室零的突破。

杭电人不仅把论文写在祖国的大地上，为地方经济和产业转型服务，更积极参与"卡脖子"核心技术的攻关，投入强国建设的伟大事业中，为实现国家科技自立自强贡献杭电力量。杭电建校60余年来，培养了10余万名IT领域核心技术人才，从阿里巴巴到华为，到处可见杭电人的身影，杭电以科技创"芯"为浙江发展贡献了力量。

梅贻琦大师的"从游论"提出："学校犹水也，师生犹鱼也，其行动犹游泳也，大鱼前导，小鱼尾随，是从游也。"潜心育人是杭电的初心使命。"忠诚家国担大任，放眼世界竞自强"也成为杭电人栉风沐雨代代相传的杭电精神。植根历史，梳理大学精神之传承，建校60余年来，杭电培养了一批又一批优秀学子，他们中有京东方创始人王东升、中芯国际董事长周子学、海信集团总裁刘洪新等。全国IT百强企业中近三分之一的掌门人是杭电校友，杭电也被誉为"IT企业家沃土""卓越会计师摇篮"。站在新的时代节点上，如何厚植家国情怀，砥砺奋进新时代，成为杭电全体师生共同谱写的新命题。

杭电重视师生爱国主义精神的培养，结合学年特点和关键节点开展特色文化活动，同时将校训精神和家国情怀融入其中。2019年以来，杭电打造由全体校领导、院长、学科带头人组成的"形势与政策"课超级讲师团，提升思政理论课教学实效，进一步引导学生坚定理想信念，强化担当意识、使命意识。

杭电抓住教师这个关键，打造特色教师文化。构筑以"星耀杭电"工程为引领、以师德师风负面清单为底线、以学院学科文化为支撑的教师思想政治工作机制，将师德师风建设落实到教学科研工作和教书育人全过程。在全校范围内评选"杭电之星""教学之星""科研之星""育人之星"和"服务之星"，树立身边榜样，严惩失范行为，引导教师以德立身、以德立学、以德施教。

在智能化信息化发展的今天，杭电紧密对接浙江数字经济"一号工程"，学校的毕业生70%进入IT领域，仅杭州滨江区就集聚了1.5万名杭电人，他们任职于华为、海康威视、大华等知名企业，服务于人工智能、大数据、云计算、网络空间安全、工业互联网等新兴领域，逐步成长为数字经济领域的领军人物。近年来，杭电获得了国家科学技术进步奖二等奖，并一举获得浙江省科学技术奖一等奖3项、二等奖4项，获奖数居省属高校之首。

（二）"笃学力行，守正求新"核心理念凝练学校精神

学校精神是一所学校发展的精髓和灵魂。在校园文化建设中，最根本的就是要凝练与办学特色相符、充分体现学校历史积淀和个性特征的学校精神。杭电弘扬优良传统，紧扣时代脉搏，建设具有学校特色的文化符号并赋予文化内涵，厚植杭电精神。杭电征集启用了新校训"笃学力行，守正求新"，征集确定了杭电校歌，并建立了学校的大学形象识别系统，统一校标、校旗、标准色、标准字体，规范、布设学校形象标识；制作学校宣传片、画册、汇编对外宣传作品集等。

校徽是一所大学的外在形象标志，具有丰富的意义，象征性地诠释了大学特有的历史、理念、追求，是大学文化的一个重要组成部分。杭电设计徽志为双环套形，内环中心是由英文小写字母 e 演变成的浪潮造型，寓意学校处于信息时代前沿；内环下方是"1956"；外环上方是"杭州电子科技大学"，外环下方是"HANGZHOU DIANZI UNIVERSITY"。

杭电校徽

校训是学校最具标志性、最具独特性的文字，是学校深层次的精神底蕴和人文内涵，是学校文化的集中体现和高度概括。"笃学力行，守正求新"是杭电校训。杭电传承办学传统和文化积淀，凝聚自身育人理念和人文精神，反映学校的内在灵魂和突出特色，彰显师生共同的价值追求和品格约律。"笃学"语出《三国志·吴志》"济阳人马普笃学好古，瑜厚礼之"，指专心致志，潜心求学；"力行"语出《礼记·中庸》"好学近乎知，力行近乎仁，知耻近乎勇"，指竭力而行，努力实践；"守正"语出《汉书·刘向传》"君子独处守正，不桡众枉"，指恪守正道，遵循规律；"求新"语出《礼记·大学》"苟日新，日日新，又日新"，指不断创新，勇于超越。"笃学力行"突出"学"与"行"的辩证关系，强调学习与实践的统一，体现了学校的育人特色；"守正求新"突出"正"与"新"的辩证关系，强调继承与发展的共生互补，体现了大学的永恒使命。"笃学力行，守正求新"表达了杭电人做人做事做学问的价值追求，传承了60余年发展历程中沉淀的学校精神，蕴含了党的十八大以来中共中央提出的"坚持立德树人，增强学生的社会责任感、创新精神、实践能力"的时代要求，具有强烈的感召力，成为学校的文化名片。

（三）润物无声的校园文化景观建设

学校的教育环境是学生成长的载体，是塑造学生健康人格的空间。学校重视校园文化景观建设，优化事业环境，使校园内一屋一墙、一草一木成为学校育人的重要载体，让大学的每一堵墙都说话。秉承"笃学力行，守正求新"的校训，学校校园内初步建立起以标志性建筑为基础的视觉识别系统，赋予楼名、路名、桥名、湖名以文化内涵，加强校园公共文化服务建设。不仅是空间，更在时间跨度上，按照学年特点设计春、夏、秋、冬四个成长季——春·梦想、夏·绽放、秋·启航、冬·跨年，进一步打造杭电"四大盛典"，使之成为杭电人的节日。

杭电校园文化环境优美，"杭电十景"风光旖旎，"小兰亭""hello hdu""心星相映""致良知"等文化小品兴味无穷，"正心休读园"、花房咖啡吧四季如歌，是师生读书、交流、小憩的理想场所。学校体育馆、科技馆、国际交流中心、中心广场、喷水池、雕塑、休读亭等一批文化活动场馆和文化休闲点，已成为师生学习交流、陶冶情趣的文化之地。

杭电将文一校区的文化景点在新校区进行改造、复制，解决下沙新校区文化底蕴薄弱的问题，增强师生的文化认同感，特别是校友的文化认同。如始建于1979年的"士子苑"、建于1984的"勤学园"和老校区经典景致"兰亭公园"的复制重建都已经完成。

杭电对下沙校区楼栋重新命名。对原本以数字1、2、3等命名的教学科研楼，赋予新的命名，分别为"信仁楼、信义楼、信礼楼、信智楼、信和楼、信诚楼、信博楼、信达楼、信远楼"和"笃学楼、力行楼、守正楼、求新楼"。

杭电建成校训主题广场。围绕新校训的宣传推广，将南大门中心花坛升级改造为校训主题广场，花坛中增设校训石，正面为校名"杭州电子科技大学"，背面为"笃学力行，守正求新"的篆体校训。

杭电加强"信息两馆"建设。"信息两馆"即原来的校史馆和"创新创业"成果展览馆。杭电将两馆合一，在原"创新创业"成果展览馆的馆址重建，面积1300平方米，总投资300万元。同时，健全"创新三园"，通过创意园（学科竞赛孵化）、创行园（协同创新）、创业园三个创新园地的建设，培育创新创业文化。

杭电布设"校园十景"，塑造校园地标景观。凝练长虹揽月、雅湖云影、兰亭春晓、丛鱼听学、艺苑秋歌、书海风荷、三省问天、巨碟邀星、麦野浮金、藤廊寄梦等"杭电十景"，使之成为校园的地标性景观。

此外，杭电大力推进美楼、美廊文化工程。打造公寓楼特色艺廊、开放连廊、校友长廊等多个生活文化长廊；利用校友、师生的书画作品和摄影作品开展美廊工程，将作品布设在行政楼、教学楼等的墙面上。

（四）立德树人的校园文化体系的当代解读

大学先进文化是大学躯体的脊梁，是大学生命必不可少的根基。中国特色社会主义大学文化既包含追求卓越、鼓励创新的品格，勇于开拓、求真务实的气质，也彰显皓首穷经、宁静恬淡的操守和兼容并蓄、开放包容的气象。每所大学诞生的历史背景不同，在发展过程中差异渐显，不同的大学，其文化内涵各具特色、各有千秋。杭电坚持以个性化、先进性、创新性为原则，发挥信息技术报国的校园文化特色，注重学校核心理念的精神凝练，重视创新教育载体，健全教育制度，强化文化育人的现实价值，设计"成长四季"，构建了独具特色的校园文化体系。

春·梦想季。3—5 月为"梦想季"，围绕盛大的五四梦想典礼，举办志愿文化节、科技文化节、"飞扬三月"女生节、风筝节、环境文化节以及梦想沙龙等活动，表彰先进集体，评选青春榜样，传递青春正能量。

夏·绽放季。6—8 月为"绽放季"，围绕隆重的毕业典礼，举办学位授予仪式、"杭电记忆"毕业歌会、"文明离校"系列活动等，镌刻杭电记忆，开启人生新征程。每到暑期，近万名学子、数百支小分队走进企业、社区、乡村，践行社会主义核心价值观。

秋·启航季。9—11 月为"启航季"，围绕精彩的开学典礼，举办新生系列导论课、新生系列赛事、"大学之道"人文大讲堂、"星空"读书节、高雅艺术进校园、校友返校日等活动，迎接大学时代，跨入知识殿堂。

冬·跨年季。12 月到次年 2 月为"跨年季"，围绕欢乐的跨年典礼，举办岁末"送温暖"、"走访高中、感恩母校"实践活动，以及"平安归途""家乡见闻记""春节七天乐"等活动，翻开岁月新篇。

（五）载体丰富、成果丰硕的校园文化品牌建设

校园文化品牌是高校校园文化的重要标志和对外窗口，是高校校园文化的优质结晶，是全体师生的荣耀。优秀的校园文化品牌是无价的无形资产，是高校的重要竞争力之一。校园文化品牌建设要始终坚持以社会主义核心价值观为引领，贯彻党的教育方针，坚持"以人为本"，将传承与创新相结合，将差异化与示范性、系统性与浸润性相结合。

杭电是浙江省首批文化校园建设试点单位，校园文化品牌建设成果丰硕，学校拥有网络思政文化、原创音乐文化、志愿服务文化、学科竞赛文化等 4 个国家级品牌、4 个省级文化品牌、30 个校级校园文化精品和"一院一品""一院一赛"特色项目，

形成了具有全面性、层次性、发展性的校园文化品牌集群，充分发挥文化品牌示范引领、文化育人、激励促进的作用。

杭电弘扬大学文化，凝练文化品牌，大力开展以"笃学力行，守正求新""国家大事，千万尽力"为核心的"杭电精神"的宣传活动，每年累计开展相关文化活动50余场次。在庆祝中华人民共和国成立70周年之际，杭电精心策划组织"一心报国 杭电筑梦"无人机灯光秀表演，北京卫视、辽宁卫视等全国10家省级以上电视台报道此盛况，微博热搜总点击量5000万人次以上，向全社会传递出来自高校的"爱国好声音"。杭电全力打造以大学生为主体的"青春杭电"文化工程和以教师为主体的"星耀杭电"工程，积极推进"e杭电"校园文化品牌建设；强化各学院的文化阵地建设，进一步开展以学院文化场所为核心的文化景观和活动空间建设，营造良好的师生交流空间，为涵育学术、教学和管理文化提供物质载体。

1. 强化信息特色，服务学生成才

集中力量办好"红色家园""杭电门户网""杭电招生网"等专题网站，规范提升各二级网站的质量；开发自动网络监控平台，实现数字监控和人工监控的互补结合；依托社团，创办校园网络文化节；完善网络管理制度，健全校院两级网络信息员、评论员、管理员队伍；因势利导，举办网络攻防大赛、信息安全大赛，倡导文明健康的网络行为，树立学校良好的网络文化形象。2000年12月，杭电党委结合学校学科优势，创建了思想政治教育专题网站——"红色家园"，先后被评为浙江省高校思想政治工作创新单位、浙江省高校思想政治工作优秀主题网站、浙江省文明办网示范网站、浙江省优秀教育网站、浙江省高校校园文化品牌、全国高校校园文化建设优秀成果一等奖，入选全国高校百佳网站、首批教育部大学生网络文化工作室等。"红色家园"以服务广大师生、繁荣校园文化、活跃学术氛围、加强思政工作为目标，融新闻时事报道、思想政治教育、学术文化交流于一体，以家园主页、家园论坛、红色联盟为载体，搭建网络思政教育新平台。学校制定了《关于加强校园网络信息建设与管理工作的意见》，建立了校院两级网络安全责任制，在宣传部设立网络思想政治教育专职岗位。"红色家园"自主开发了学生注册平台、建立实名注册制，在很大程度上杜绝了不良言论的出现。2006年3月起，"红色家园"在加强网络安全监控的基础上，建立健全网络舆情收集和报送机制，定期编辑《舆情信息》，报送领导及相关部门，便于及时掌握学生的思想动态，为学校制定有关方针政策提供参考。"红色家园"重点建设三支队伍：一是网络工作人员队伍，负责网站的日常维护；二是网络安全监控队伍，定时对全校所有网页进行安全监控；三是网络评论队伍，由"红色家园"骨干、辅导员和专业教师组成。杭电校领导每年定期做客"红色家园"，开展网络面对面互动交流活动。

2. 学科竞赛文化，绽放舞台精彩

近 20 年来，杭电从培养实践型人才的定位出发，坚持走竞赛育人的特色之路。参赛人数从寥寥数人发展到数万人次，竞赛层次从班级"草根"比赛提升到全球顶级学科赛事，参赛机制从单个学院组织发展到全校"一院一赛"大格局，竞赛定位从个人成才为主提升到形成群体成长模式，学科竞赛已经成为杭电校园内影响力最大、忠诚度最高的第二课堂与育人舞台，有力增强了学生的实践动手能力、创新创业能力和社会竞争力。近 5 年，学生在各类学科竞赛和创业竞赛中获得国际奖项、国家级奖项 500 余个，处于省属高校第一、全国高校领先水平。2021 年，在全国普通高校大学生竞赛排行榜五轮总排行榜（本科）中，杭电排名全国第 17 位，名列省属高校第一。ACM"王牌之师"第 7 次闯进国际大学生程序设计竞赛全球总决赛，与世界顶尖高校同台竞技。"智能汽车梦之队"在全国智能汽车总决赛上斩获 7 个一等奖，再次夺得全国第一。

3. 技术与艺术融合，碰撞青春梦想

杭电 2000 年成立 1900 原创影音工场（简称"1900"）。"1900"坚持作品原创，通过音乐、视频、动画等多种艺术形式，推出原创作品 100 余部，获奖 10 余项，掀起阵阵原创之风，成为工科高等院校人文素质教育的典范。它不但造就了郑钧这样的著名摇滚歌手，还培养了以刘瑞琦、阳一、陈悠悠、刘雁等为代表的网络创作型音乐人，以杨瀚、达杰等为代表的 3D 原创动画制作高手，以张少波、韩笑等为代表的影音创作新秀。"1900"推出的原创音乐、原创 DV 和原创微电影达百部之多；音乐 MV 作品网络单站点击率均保持在 500 万人次以上，有的甚至突破 1000 万人次。

4. 志愿公益行，引领新风尚

2015 年，学校"志愿＋"公益行——志愿者文化引领校园新风尚获全国高校校园文化建设优秀成果奖二等奖，青年志愿者协会荣膺全国高校"优秀学生社团标兵"荣誉称号，学校获评"2021年世界互联网大会志愿服务突出贡献集体"等国家荣誉。杭州电子科技大学青年志愿者协会（简称杭电青协）成立于1994年，累计参与志愿服务总人数已突破50万余人，提供服务总时长突破380万小时，获得大小荣誉近百项。志愿服务已经成为杭电独特的文化标签。如今的杭电青协，拥有1个校级青协总会、18个院级青协分会、23个公益社团、累计9100余名注册中国志愿者、18200余名会员，是杭电校园规模最大的学生组织。杭电青协始终以公益为龙头，着力培养学生的社会服务意识，不断创新志愿形式，志愿服务的足迹遍布浙江、安徽、江西、贵州、云南、西藏等近20个省份，赢得了社会的广泛关注和赞誉。2017年以来，组建团队2547支，参与师生达22000余人，奔赴甘肃、台湾、黑龙江、云南、西藏及浙江等省份开展社会实践。连续4年荣获浙江省暑期社会实践组织工作奖，每年有超过13000名志愿者投身校内外400余个服务项目中。2017年以来，学校共有68名应届毕业生成为"两项计划"志愿者，学校项目办连续11年被评为浙江省"两项计划"优秀项目办，在2021年全国年度绩效考核中再次获评优秀。

杭电师生以高度的主人翁精神积极投入社会发展和各类公益活动。新冠肺炎疫情防控期间，学校教师主动承担起科技抗疫使命，助力企业和学校复工复产复学，推动科技创新在疫情防控中发挥积极作用。学校有658名学生党员和大学生志愿者参与志愿服务和疫情防控工作，在全国11省30个县（市、区）服务时长超过4210.8小时。

三、STARS学工文化引领立德树人的成效

杭电紧抓国家"互联网+"、创新创业和信息经济大发展的契机，以特色类入围浙江省首批重点建设高校，并充分发挥电子信息优势和财会经管特色，吸引优质生源报考。在2016年省内第一批次招生中，杭电文理科录取分数线和名次均居省属高校首位。2017年，随着浙江新高考实施，杭电所有专业（类）在第一段线上完成录取，最低专业投档线高出一段线18分，最高专业投档线高出一段线48分，整体情况居省属高校第二位。近年来，杭电在全国各省（区、市）生源质量逐年提升，一批招生的省份逐年增多，最低投档分数线逐年提高。

杭电是浙江省重要的IT人才和经济管理类人才培养基地。2019—2021年，杭电本科毕业生中77%选择留在浙江省。在浙江省就业的毕业生中，超过73%在杭州市

工作。根据杭州市人才服务局 2017 年 5 月发布的公告，杭电继续位列市接收应届生人数全国高校首位（2391 人），连续 8 年成为杭州高新区人才输送第一大户。

2019—2021 年，学校本科生就业率稳定在 96% 以上，就业质量高，升学率逐年提升。浙江省教育评估院发布的报告显示，学校毕业生平均月薪稳居浙江省综合类高校第一，近几年增长明显，与浙江省毕业生薪酬平均值差距逐年拉大。

杭电每年有近 50% 的毕业生在 IT 领域就业，成为杭州高新区人才第一大户。2019—2021 年，毕业生起薪位于省属本科高校前两位。一批校友成为华为、阿里巴巴等企业的技术骨干，涌现出了"快递分拣机器人"朱建强等一批创业之星，学校成为浙江高素质 IT 人才培养高地，获全国高校毕业生就业工作先进集体、全国毕业生就业典型经验高校等荣誉。在 2013—2017 年全国普通高校竞赛评估结果（本科）中位居全国第 17 名，其中，2017 年排在第 12 名。历年省以上信息类学科竞赛获奖数，居全国前列、省首位。2010—2021 年，在全国顶级学科竞赛中有 200 余项成果获二等奖以上荣誉，5 次冲入 ACM 全球总决赛（20 名、28 名、31 名各 1 次）。在 2018 年的华为软件精英挑战赛中，杭电荣获总冠军。

杭电涌现出了一批德育优秀团队和个人。2019—2021 年，共表彰 1766 名校级三好学生，培养省级以上优秀共青团员 3 人，24 名学生获省大中学生志愿者暑期社会实践活动先进个人荣誉称号。杭电学生积极献身国防，踊跃支边支教。2005—2017 年，杭电连续 12 年获得"两项计划"优秀组织工作奖，多次获评全国大学生志愿服务西部计划优秀项目办，73 名学生获评浙江省西部计划优秀志愿者。杭电每年有数百名学生报名入伍，2017 年，网上报名人数达 535 名，入伍学生人数 23 名，在学校的 30 余名退伍学生中，很多都在部队立过功、受过奖。杭电学生积极参与各类社会服务，成立于 2009 年的"雷锋兵站"，组织各类社会服务活动 600 余次，服务三类困难学生 1200 余人，活动参与人数近万人。杭电材料与环境工程学院创建"绿色青年"学生德育工作平台，积极参与"五水共治"等环保行动，与浙江在线联合建立的环保小卫士环境教育基地，获得浙江省环保厅颁发的环境教育特别贡献奖。杭电通信工程学院以"创行"为代表的公益性社团，成立以来一直注重以商业的方式"授人以渔"，运作公益项目。如"盲盲仁海"项目，致力于通过互联网改善视障者生活，先后得到浙江省残疾人联合会、阿里巴巴无障碍小组、腾讯公益等组织机构的认可及资金、技术支持，并得到人民日报、腾讯网、浙江电视台等多家主流媒体的报道，斩获 50 多项荣誉。杭电青协创新"志愿＋"模式，将志愿服务与互助互扶、环保、创业、学科专业等相融合，先后获得全国高校优秀学生社团标兵（全省社团组织最高荣誉）、杭州市"春泥计划"社会实践先进集体、浙江省优秀志愿者服务集体、浙江省社会实践示范基地、浙江省优秀暑期实践团队、世界互联网大会（乌镇峰会）志愿服务先进集体、全国大学生艺术展演优秀志愿服务集体、G20 杭州峰会志愿服务工作突出贡献奖、2017 阿克苏诺贝尔中国大学生社会公益奖铜奖等百余项荣誉。

四、STARS 学工文化的创新

（一）理念创新

理念创新是工作创新的先导。杭电 STARS 学工文化（"群星灿烂"的育人文化理念）的提出，是基于 60 多年来学校学工文化的丰厚积淀，以及新时代学生工作的新要求。新时代的学生工作必须从传统的工作思维方式中解放出来，从不合时宜的教育观念中解放出来，转变"重管理、轻服务，重约束、轻预防"的理念。杭电通过践行"服务、团队、欣赏、责任、专业化"的学生工作标准，实现学校学生工作理念的迭代升级。

1. 倡导以人为本的教育理念

树立以人为本的教育理念是促进教育的现代化和人的全面发展的需要，也是落实立德树人根本任务的要求。首先，倡导以学生为中心的全面教育，确立学生在教育过程中的主体地位，即重视学生主动性、意识、情感和价值观等心理因素的作用，强调对学生创造力的培养，注重激发学生学习的潜能和内驱力。其次，充分尊重学生的内在需要特别是成长成才需要，充分激发学生的学习潜能和内驱力，使学生的知识结构和人格日臻完善。杭电 STARS 学工文化中的"A"即是从欣赏的角度，发现和发扬学生中的优秀典型，从而带动全校学生向优秀同学看齐，共同提高。在招生、培养、就业方面，杭电为学生提供周到的服务，努力避免单纯的管理思维，加强与学生的沟通，采取多种形式帮助学生解决实际困难，用真诚之心凝聚学生，帮助学生不断成长成才。多年来，杭电始终将学生放在工作第一位，把服务学生的成长成才视为工作的重中之重，STARS 学工文化首先强调的就是服务（第一个"S"）。

2. 践行专业化、职业化的学工队伍建设理念

学工队伍历来是高校培养学生、教育学生的依靠力量。高校辅导员始终工作在学生管理的第一线，与学生接触多、交流多，对学生影响深远，因此建设专业（STARS 学工文化中第 2 个 "S"）、敬业的辅导员队伍至关重要。杭电党委始终坚持专业化、职业化的学工队伍建设理念，把学工队伍尤其是辅导员队伍的建设作为一项长期性、基础性的重大任务，作为加强和改进大学生思想政治教育的关键措施来抓，着力配备专职辅导员，明确辅导员工作定位，畅通辅导员发展序列和路径，提升辅导员队伍整体素质。近年来，杭电学工部以辅导员发展中心为平台，设立专门场所，划拨专项经费，重点建设和培育指南针新媒体工作室、五心坊学工标准化工作室、月牙湾辅导员成长工作室、"智慧学工" 辅导员工作室等 10 个辅导员工作室，旨在通过团队建设（STARS 学工文化中的 "T"）推进辅导员专业化、职业化发展。

3. 树立预防为主的工作理念

学生的成长成才，和谐校园的构建，需要学生工作者始终牢记初心使命，扛起责任担当（STARS 学工文化中的 "R"），及时解决大学生群体中存在的诸多不和谐因素和困难问题。传统的学生工作注重各种规章制度的约束效力，通过限制措施，纠正学生的不良行为。这种办法具有一定的积极作用，但忽视了学生中存在的各种不良思想倾向，尤其是心理问题，不利于及时发现和解决隐藏在学生内心深处的问题，从而可能造成严重的后果。因此，要树立预防为主的工作理念，通过与学生深入交流，了解其所想所思，及早帮助学生消除一些还没有形成的错误念头，使学生健康成长。杭电践行 STARS 学工文化，关心大学生生活，构建以提高贫困学生素质和能力为主体的发展型资助体系，形成 "奖、助、贷、勤" 多位一体的资助模式，保证贫困生 100% 受助；关爱大学生心灵，构建 "课程教学、咨询服务、宣传教育、学生自助、科学研究" 五位一体的发展模式，搭建了涵盖专兼职心理咨询团队、学院心理辅导站、班级心理委员和寝室长的四级工作网络，定期开展心理问题排查、心理沙龙和团体辅导，满足学生心理健康成长的需要。

（二）制度创新

1. 形成了制度规范型的长效机制

要建立高校学生工作的有效机制和长效机制，解决高校学生工作中出现的各种

新情况、新问题，必须创新制度、用制度规范管理，形成依法治校、以德治校的氛围。杭电在修改完善学生工作规章制度的同时，重点改革原有的工作理念、工作方法、工作手段等，建立一系列与党和国家现行法律法规和政策相配套，符合学校特点和新时代大学生实际的学生工作制度，如学生综合素质评价制度、学生奖勤助贷补政策等。杭电强化对各项规章制度的尊崇意识和执行力，重视学生工作自我评估，制定了学生工作考核标准《杭州电子科技大学学院学生工作考评办法》。该办法为健全完善校院两级学生工作的运行机制，加强学生工作科学化、规范化、制度化建设提供了依据。

2. 构建了服务管理型的工作机制

学生素质是衡量学生工作效果的一个重要尺度，学生个性的全面和谐发展是学生工作提质增效的一个重要标志。联合国教科文组织发布的权威性报告《学会生存》指出："应该把培养人的自我生存能力，促进人的个性的全面和谐发展，作为当代教育的基本宗旨。"教育的过程是学生生命感受和经验体会的过程。学生在主动学习、主体实践、合作探究的过程中，知、情、意、行诸方面协调发展。要造就具有鲜活个性的多样化人才，使每一位学生的潜能充分发挥、特长充分展现、个性全面和谐发展，必须构造服务管理型的学生工作机制。杭电学工队伍在 STARS 学工文化引领下，为学生的成长成才做好服务保障。如，为学生积极参加有益的文体活动搭建了各种平台，使学生在文体活动中实现身心全面成长。积极开展心理健康教育和心理辅导与咨询服务，帮助学生掌握心理知识、洞察心理世界、预防心理疾病、关注心理成长、挖掘心理潜能，从而提高心理素质。积极构建学生发展的咨询服务体系，创造有利于学生学习的氛围和环境。积极构建学生职业规划咨询体系，把就业安置和职业生涯规划相结合，指导学生进行自我评价、专业定向和职业定向；提供就业信息，指导学生参加实习、实践；开设就业指导课，传授求职择业技巧，推荐学生参加就业与职业交流洽谈会；组织校园招聘与面试活动，指导毕业生通过多种渠道就业；等等。

（三）实践创新

1. 更加注重学生工作的柔性管理

高校学生工作柔性管理，是指以学生为中心，依据高校内部共同价值观和校园文化氛围进行的人本化管理；是在研究高校学生心理和行为规律的基础上，在尊重学生的人格和尊严的前提下，采用非强制的手段，充分发挥教育管理者的教育引导作用，在学生心目中产生一种潜在的说服力，从而把社会、家庭、高校对学生的期望内化为学生个人自觉行动的一种管理模式。杭电 STARS 学工文化注重柔性管理，整合学生的需要、心理、精神、行为、情绪、信念、价值观等一系列与学生成长成才有关的要素，覆盖了学生服务管理的方方面面。

杭电的学生管理打破了传统的以制度为中心的管理模式，树立了以学生为中心的人本思想，把学生作为管理活动的主体。由此，学校学生工作围绕着激发和调动学工队伍和学生的主动性、内在潜能、创造精神展开，即调动学生工作队伍和学生的内驱力，以实现与学校事业的共同发展。

大学生的心理品质、社会经验、成长环境等各有不同，所以必然会呈现出显著的个性差异，这就要求高校学生工作队伍对不同个性的学生采用不同的沟通办法与教育办法，对变化中的班级软环境采取不同的管理措施和管理策略。杭电也正是发现了学生工作对象的权变性和模糊性特征，"因事而化、因时而进、因势而新"，在柔性管理中，针对大学生不同阶段的心理等变化因素，及时调整管理内容，追求相对模糊的"满意解"而不是唯一的"最优解"，在决策中以"令人满意的标准"取代"最优标准"，使学校学生工作更具有针对性和实效性。

柔性管理与管理的规范性、刚性管理并不冲突，它们既有所区别，又相互促进。一方面，"无规矩不成方圆"，没有规范性的约束，高校学生工作就会毫无章法，难以达到理想的效果；另一方面，若缺乏柔性管理，缺少人文关怀，学工文化的人性温暖就难以彰显，文化的说服力就难以增强。学生工作的规范性为柔性管理的实现提供了制度支撑和保障，同时，学生工作的柔性管理又是高校学生工作规范性的价值追求，二者统一于高校学工文化建设全过程。杭电 STARS 学工文化既注重刚性管理的规范性"有道"，又注重育人实践中的柔性"有声"，即学工文化建设的刚柔并济。

2. 构建了"工作系统化、资源一体化、内容阶段化、效果质量化"的运行模式

近年来，杭电以建立学生管理服务一体化网络平台为起点，在学生思想政治教育实施路径与数字化网络平台功能实现的交互点上下功夫，逐步构建起一套集数据

采集、数据处理、数据分析与应用服务为一体的"四精型"（精准教育、精细管理、精准服务、精准评价）网络育人模式和多跨协同集成创新的系统育人场景。杭电利用数据赋能，实现从精准思政到智慧思政转型升级，在深化"最多跑一次"改革、以"小程序"形成学风建设的大合力、搭建精准思政大数据一体化平台、构建学生"杭电成长指数"等方面进行了探索。杭电整合校内各部门资源，打通数据壁垒，促进了包括学生工作在内的学校各项工作的融会贯通，使资源得到最大限度的利用，推动了工作系统化建设，形成了工作的合力。

针对不同阶段学生，杭电学生工作的侧重点有所不同，实现了学生工作内容的阶段化。比如，在低年级阶段，学生有自豪感、安全感、新鲜感（"三感"），有盲目性、服从性和可塑性（"三性"），有娇气、傲气、松气（"三气"），自我管理差、适应能力差、自学能力差（"三差"），因此，杭电把理想教育、适应性教育和心理健康教育作为工作重点来抓，指导学生进行生涯规划。在高年级阶段，学生的思想趋向成熟、走向务实，更多地考虑未来发展，学习开始放松，纪律较散漫等，因此，杭电学生工作的重点是强化激励机制和制约机制，加强纪律教育，抓好就业指导，增强学生的职业意识。如上所述，杭电制定了科学的、易操作的学生工作效果评估方案，发挥评价的导向和激励作用，通过自评、考察、整改等措施，及时发现问题，完善学生工作，基本实现了学生工作的效果质量化。

3. 完成了学生工作由经验型向科学型的转变

活力，是激发学生将自己的能量不断投入学习中、主动承担责任、实现大学使命的重要催化剂。在学生工作服务管理规范化过程中，杭电推动学生事务管理的人文关怀适时有序地向制度层面转化，通过制度建设来"固化"学校的人文关怀精神，并创设了相应的制度环境。首先，尊重并满足学生的多样化需求，把学生的个体发展需求与学生事务组织的目标和要求紧密联系，坚持全面发展和个性发展相结合的理念，将学生个体的实际情况视为学生工作的出发点和归宿。其次，强化知识管理意识，提高学工队伍的专业水平。杭电通过举办学工队伍中层干部素质能力提升培训、STARS学工文化之辅导员团队建设沙龙、新任辅导员入职仪式暨岗前培训、党建特色品牌建设、学风建设等专题研讨会，组织申报中青年骨干、网络教育名师、人文社会科学研究等省部级以上奖项与荣誉，鼓励辅导员攻读思政专项博士、编著与学生工作相关的出版物等，并依托成立的 10 个辅导员工作室开展专业化培训学习，营造了良好的学习生态系统，为学校学生工作科学化发展奠定了良好基础。

学生工作向科学型的转变也推进了学生管理队伍的角色转变：从以往的单向管理者转为学生学习和生活的引导者，引导学生在日常的学习、生活中发现参与的价值和意义；主动科学地开展学生工作，了解学生需求，构建服务管理型的学生工作机制。服务管理型的学生工作机制内涵丰富，主要包括日常的服务管理体系、学习与就业的服务管理体系。

与学校学科特点相适应，杭电学生工作在向科学型转变的过程中更加重视信息技术运用，更加强调数据思维、互联网思维，植入数字化、信息化基因。如，依托学校精准思政大数据一体化平台，将科学精准的量化手段植入学生工作服务管理中，积极开展信息化再造，利用线上平台开展相关学生活动。同时，注重对学生相关信息数据的分析和研究，充分挖掘学生信息，智能化地理解学生潜在需求，实现精细化管理，为学生提供个性化服务。

第二节　STARS 学工文化的理论逻辑

一、人本理论

人本理论包括以下四层含义。一是尊重人。这是学生管理活动的宗旨。只有充分感受到自己被尊重，人才会生发正能量和热情。二是依靠人。这是学校发展壮大的关键。任何学校的建立、发展和壮大，都离不开人才的贡献。三是开发人的潜能。这是学校最主要的管理任务。每一个学生都有无限的潜能，学校要帮助学生将这些潜能发掘出来。四是加强人才凝聚力。这是学校组织发展的保障。学校的发展离不开全体学生的协作配合，加强人才的凝聚力，使大家心往一处使，全面提高团队综合能力，这是学校持续发展的动力来源。

一切实践活动都是与人的努力、劳动和管理分不开的。反过来，实践的目的都是促进社会的进步和人的全面发展。人本主义心理学强调对完整的人的研究，而不是从行为和认知等方面将人分割开来。高等教育的重要目的，是将学生培养成为变通灵活、适应发展和能够不断自我完善的人。人本理论突出强调人自身的价值、创造力、人的尊严和自我实现，强调一切事务和活动都要从人的角度出发，满足人的成长发展需要，将人作为一切活动的主体。在高校学生事务管理中贯彻人本理论，首先体现在将"以人为本"的发展理念贯彻在实践中，尊重学生的主体地位，重视学生事务管理人员与学生之间的关系和相互作用的心理氛围。管理者应给予学生更多的关注和理解，并与学生真诚地交流沟通以达成师生之间的相互促进和管理效率的提高。其次，体现在学生是高校学生事务的管理和服务对象，高校学生事务管理者要明确管理服务的主体，增强服务学生和发展学生的意识，真正将"服务学生"的理念贯彻到学生事务工作中。

二、学生发展理论

学生发展理论从不同的维度确定了学生发展的方向和对学生发展产生影响的不同因素，研究学生个体一般的心理发展问题，还探讨了学生的智力发展及认知、对待事物的情感态度、伦理道德的形成和发展及具体问题和行为的发展等。概言之，关注学生发展内容、发展过程和发展类型。学生发展理论对我国高校学生事务管理工作中实际问题的解决具有指导意义。

第一，关注学生发展内容。这一主张的代表人物是埃里克森（Erik H. Erikson）。其最大的贡献，就是提出八阶段理论。将八阶段理论应用到我国高校学生事务管理中，就是要引导学生个体顺利度过每一个重要发展期，采用不同的方式满足学生个体的发展需求。高校学生事务管理者要充分认识大学生发展特点和发展方式的不同，帮助学生个体由角色的混乱状态顺利过渡到角色的同一状态。

第二，关注学生发展过程。这一主张的代表人物有皮亚杰（Jean Piaget）、罗杰斯（Carl R. Rogers）等。皮亚杰从遗传和个体智力的形成及发展过程中环境所发挥作用的角度，对个体发展的差异性进行了研究，发现个体的成长和发展与个体的年龄并不相关，而与个体对所处环境的认知矛盾相关，矛盾的解决有助于个体的进步和发展。罗杰斯从人本主义的角度出发，根据学习对个体的意义提出了"有意义的自由学习观"，强调学生的自我参与过程，提倡学生个体自主参与到学生事务管理过程中。"有意义的自由学习观"是自我发起的一种全面发展的学习观，认为教育管理的目标是将学生培养成为具有内在自由性的人，面对各种问题能够灵活运用所学知识，即能够决定自己学什么、学到何种程度的"自由人"。从这个角度出发，学生事务管理人员应保持一种价值中立的管理态度，对学生个体的价值行为和发展行为不做判断，更加注重学生个体的发展过程，而不是发展结果的统一化、标准化。

第三，关注学生发展类型。这一主张的代表人物是荣格（Carl G. Jung）。荣格的心理类型论将人的心理态度类型和人的内部心理活动进行了两两配对，其中心理态度类型分成外向型和内向型，内部心理活动主要为感觉、思维、情感及直觉，从而组合形成人格的八大技能类型。这类研究描述了不同类型人格的学生在发展中的不同境况，分析了不同的学生对同一情景为何会有不同的反应和解决问题的方法，强调学生个体差异的积极、健康作用。因此，它对高校学生事务管理者深入观察和发现学生发展的个体差异有着重要的指导意义。

三、团队理论

"团队"概念最早是在 20 世纪 60 年代由 IBM 公司首先提出。之后，沃尔沃、丰田等公司将之引进并运用到企业管理中。随着现代企业管理实践的深入，团队理论研究越来越多，体系越来越成熟。承担不同岗位职责的成员通过协作来实现共同目标的组织形态，即为团队。目标、人、成员定位、权限、计划是构成团队的五个基本要素，缺一不可。目标是团队的方向性要素；人是团队的核心要素，是一切行动的保障，是实现目标的主要动力；成员定位是团队的构成性要素，规定了整个团队在企业运转中的定位以及个体成员在团队中的定位；权限是团队的决定性要素，包括企业赋予团队决定事务的权限以及团队赋予其成员决策的权限等，权责明确、条理清晰是权限要素的基本要求；计划是团队的实施性要素，是一个团队为实现目标所制定的行动方案，计划的优劣决定目标实现的效果。五个基本要素相辅相成、缺一不可，任何要素的缺失都会影响其他要素的实施效果，正确把握与运用团队理论是团队管理者必备的理论素养之一。

国内外学者对团队理论在企业实践中的具体效果进行调查后发现，高效的团队具备以下七个特征：团队目标明确；团队角色定位明晰；团队领导在团队管理中发挥积极的引导与指导作用；企业给予团队充分的决策权限，在合理限度内团队能充分发挥决策权与执行权；团队成员之间沟通顺畅，协作一致；团队激励措施完善并取得良好的执行效果；团队凝聚力强，团队成员责任感、归属感强。高效的团队管理一般遵循如下原则：第一，团队管理要有明确的团队目标。目标是指导团队成员协作与努力的方向，也是团队绩效考核与价值评估的主要指标，包括短期目标和长期目标。第二，团队成员之间职责要明晰。每个团队成员分工明确、团结协作，只有在充分了解自己业务板块的前提下才能更好地团结合作。第三，要在集权与分权之间权衡利弊、供需平衡。给团队多大的决策权与执行权决定了团队目标实现的效果，并不是权限越大效果越好，集权与分权达到平衡才能起到事半功倍的效果。第四，要为团队提供内外简化、高效的沟通平台。团队要为成员提供便捷、有效的沟通渠道，沟通是成事的关键环节。第五，团队激励模式要全面。针对不同岗位的业务板块要有不同的激励措施，激励模式与激励实施手段要公平、公正、公开。第六，学习型团队建设是团队管理过程中始终要重视的工作之一。学习型社会需要学习型企业，学习型企业需要学习型团队，学习型团队需要学习型人才。第七，团队凝聚力是团队文化的重要体现。团队文化建设过程中要特别注意团队凝聚力建设，团队成员"心往一处想，劲往一处使"是团队文化建设的最高境界。团队理论浅显易懂，但在实践过程中有很深的奥秘，需要管理者不断摸索、反复实践，具体问题具体分析。

四、激励理论

激励理论属于管理心理学的范畴，早期的激励理论主要是对于"需要"的研究，回答了以什么为基础才能调动员工工作积极性的问题，如马斯洛（Abraham H. Maslow）的需要层次理论、赫茨伯格（Frederick Herzberg）的双因素理论、麦克利兰（David C. McClelland）的成就动机理论等。最具代表性的马斯洛需要层次论就提出，人类的需要是有层次的，按重要性排列依次为生理需要、安全需要、归属与爱的需要、尊重需要和自我实现需要。当某一级的需要获得满足以后，这种需要便中止了它的激励作用。

激励理论中的过程学派认为，通过满足人的需要实现组织的目标有一个过程，即要通过设置一定的目标影响人们的需要，从而激发人的行动。

五、专业化理论

专业化是指一个普通的职业群体在一定时期内逐渐符合专业标准、成为专门职业并获得相应专业地位的过程。

19世纪，英国著名社会科学家卡尔－桑德斯（Carr–Saunders）注意到不同职业走向专业化需要一定的特征要素，可归纳为四个方面：专门的技能和训练、专业协会的出现、专业伦理规范的形成、最低限度网格化管理。卡尔－桑德斯揭示了专业的某些共同特征，比较具体，但停留在经验总结层面。

威伦斯基（Harold L. Wilensky）对 18 种职业的专业化发展历程进行跟踪调研，发现专业化是一个动态的过程，主要有以下五步：（1）不再是兼职工作或临时工作，而成为全职工作；（2）从业者开始掌握相关专业技术，接受专业培训；（3）建立了专业协会，由技术高层来负责；（4）出台了相关的法律政策文件对专业技术进行保护；（5）形成了正式的行为规则。专业化过程是一个社会化的过程，它的影响因素有专业本身、大学、社会、国家，在这四个因素的相互作用之下，活动经由"次级专长"阶段、"准职业"阶段、"形成的职业"阶段、"出现的专业"阶段，最终拥有"成熟专业"的身份。

拉尔森（T. J. Larson）提出，专业是有关特定权利和声望的职业。这种权利是社会制度所赋予的，体现了从业者的社会地位以及社会认可程度。因此，这种权利越大，意味着该职业的专业化程度越高，从业者的工作积极性、自觉性越强。

第三节　STARS 学工文化的实践逻辑

一、STARS 学工文化建设的机制

STARS 学工文化建设是一项系统、复杂的工程，涉及高校教师、大学生、学生组织等多主体。协调有序的 STARS 学工文化建设机制包括引导机制、运行机制、动力机制、活动机制、协助机制、保障机制。

（一）引导机制

STARS 学工文化是校园文化的重要补充，具有鲜明的方向性和导向性。一方面，要坚持和继承学校传承至今的办学理念，弘扬学校历代学子的精神品格，建设具有本校特色和风格的文化；另一方面，校园文化建设必须与时俱进，与中国特色社会主义先进文化相承接。学工文化建设的引导机制就是发挥高校文化建设中高校党委主体的价值引领和方向指引作用，促使其他建设主体如管理者、辅导员、大学生等坚

定立场，坚持正确方向。

（二）运行机制

要实现校园文化建设与高校学生工作的契合，建立系统化的内部运行机制是必不可少的。首先，明确决策程序。对一些重大的任务和举措，学校领导在做决策之前应深入基层进行调查研究；辅导员可广泛地征求学生的建议及意见，了解学生的想法，为决策提供可行性依据，最终选定实施方案。其次，规范操作体系。建立一整套量化、细化且规范化的操作方法，实施定量和定性相结合的过程控制管理。最后，确立目标责任机制。遵循实事求是的原则，将工作的主要任务分解为切实可行的现实目标，明确短期目标，列入各级领导干部和辅导员的岗位职责，从而建立起目标管理系统。

（三）动力机制

校园文化建设与高校学生工作的契合需要依靠一种推动它运行的力量。动力机制就是这种力量的存在形式。在STARS学工文化建设的机制构成中，动力机制是保障学工文化建设总体效果的内在驱动力和外在推动力。要高效建设STARS学工文化，就要尽可能地激发学工文化建设过程中各主体的内在动力，并寻求外在的推动力，确保学工文化建设有长足动力。其中，精神动力是推动学工文化建设最持久、最深层的力量。

（四）活动机制

建构科学有效的活动机制，是校园文化建设与高校学生工作相契合的需要，也是高校学生工作科学化、规范化、人性化的需要。STARS学工文化建设中，要始终以高标准衡量和评估各种活动，保证计划的有序实施和目标的顺利实现。

学生工作是高校精神文明建设的重要组成部分，是一项细致复杂的思想政治教育工程，是校园生活多样化的一种表现形式。开展全方位、多层次、高质量的学生工作，不仅能达到寓教于乐的目的，还能激发大学生的参与热情。为此，STARS学工文化建设中，应把握时代主旋律，不断丰富和拓展具有针对性和时代感的文化活动，繁荣校园文化；同时，要深入贯彻以人为本的教育观念，把学工文化精神延伸到校园的各个角落。

（五）协助机制

STARS 学工文化建设的主体具有广泛性，涉及管理者、辅导员、大学生等群体。高校应秉持现代大学管理理念，坚持党委统一领导，形成职责明确、齐抓共管、协调有力的协助机制，将学工文化建设作为一项系统工程来实施。

（六）保障机制

STARS 学工文化建设的保障机制主要包括物质保障、制度保障和队伍保障。物质保障是基础，没有一定的资金投入，学工文化建设将难以维系；制度保障是重要条件，良好的制度文化可以使高校学生工作做深做细，还能强化师生的责任感与使命感；队伍保障是核心，学工文化建设必须依靠一支高素质的辅导员队伍。总之，三者相互联系、不可分割，在学工文化建设中都发挥着不可替代的作用。

二、STARS 学工文化建设的主要方法

STARS 学工文化建设的方法，就是学工文化建设主体依据学工文化建设所包含的众多内容之间的不同特点和发展规律，发挥主观能动性所创造的、为达到一定的预期目标而采取的方式、程序和手段的总和。恰当有效的方法能够起到引导、激励的作用，提高学工文化建设的实效性。学工文化建设的方法包含以下三个方面：系统规划与阶段分工结合、物质文化建设和精神文化建设同步、主导性管理和隐蔽性渗透并进。

（一）系统规划与阶段分工结合

系统规划与阶段分工是学工文化建设的原则性指导方法。前者要求建设主体统筹全局、全面分析、兼顾各方因素；后者要求建设主体具体部署、层层推进、细化落实。系统规划与阶段分工结合的方法贯穿于 STARS 学工文化建设的全过程，对学工文化建设活动和其他具体方法的运用都具有指导性的意义。

1. 系统规划

系统规划是指运用系统论的方法，从整体的角度，站在全局的高度，对某项任务或某个项目的各方面、各层次、各要素统筹规划，集中有效资源高效快捷地实现目标。系统规划是自顶端向底端展开的设计方法，核心理念与目标都源自顶层，因此系统决定局部，为局部提供宏观上的指导。STARS 学工文化建设是一个整体，涉

及多个主体、多方面内容，受校内外各种因素制约，因此其建设过程必须立足于整体，从全局出发，全面考虑各方因素并作出正确决策。

首先，系统规划要立足于解决实际问题。随着时代的发展，大学生的心理需要较之以往发生重大变化，学工文化建设方法也必须转变，基于贴近实际、贴近学生的原则进行全面规划。在物质文化设施建设、基本服务设施建设中都要考虑大学生的需求。其次，系统规划应抓住重大问题，着力于解决关键的、影响全局的问题。学工文化建设的系统规划不要求面面俱到，而要抓住主要矛盾，解决主要问题。STARS学工文化建设属于高校育人的一个方面，因此应将教书育人、管理育人、服务育人等统一起来，大力推进思想政治教育进校园，使学工文化建设成为高校育人的重要路径。

2. 阶段分工

阶段分工就是将某项任务层层落实到具体的人身上，通过明确每个人每个阶段的职责，促使任务按期完成。只有将各个阶段的不同工作直接分配到个人，由其全盘负责某项工作，才能调动其积极性，强化其责任意识和危机意识，将工作认真落实。

STARS学工文化建设涉及多个环节和流程，为此，要建立各阶段、各环节、各组织之间相互连接、通力合作的协调机制，明确各组织的职责分工，将总体目标分解为多项具体可行的目标，将总体任务细化到每个具体环节。一是具体分工、明确职责。要根据各组织的功能属性、优势特长向其分配特定的任务，通过制度或签订协议明确每个人的职责。二是"分工不分家、主动补台"。学工文化建设是一个整体工程，需要沟通协调、通力合作。每个组织的工作任务不是孤立隔绝的，而是与其他组织之间有着紧密联系。三是尽职尽责、忠于职守。学工文化建设的各主体在明确了自己的职责后，应自觉担负责任，将学生的利益放在首位，真正做到"在其位，谋其政，负其责"。

（二）物质文化建设与精神文化建设协调

STARS学工文化既包括学校内的一切公共基础设施和文化景观，也包括在长期的学生工作过程中形成的约定俗成的思想理念、行为规范和具有学校特色的一系列文化活动。STARS学工文化建设既要注重物质文化，也要以社会主义核心价值观为引领，经常性地开展文化活动，使学工文化的物质形态和精神内蕴共同丰富。

1. 满足学生基本物质需求

根据马斯洛的需要层次理论，人只有在满足低层次的物质生理需求后，才会追求更高层次的自我发展需求。STARS 学工文化建设首先应完善校园基础设施，为学生的学习和生活提供舒适健全的公共空间。

2. 满足学生精神发展需求

STARS 学工文化建设的重要目标是：通过文化熏陶，使大学生形成健康的人格，树立共产主义远大理想和中国特色社会主义共同理想。学工文化是校园文化的重要组成部分，要用符合时代特点、彰显学校特色的文化活动，以寓教于乐的方式，让学生在积极参与中体验到积极向上的主流文化，构筑健全的精神世界。精神文明是主导，它使学生确立更高的追求，寻求更有价值的生活。

（三）主导性管理和隐蔽性渗透并进

一方面，学工文化建设重在管理，强调用刚性的制度和强制的约束力保障各项任务、各个环节有序推进。另一方面，学工文化建设是一项持久的工程，是一个无形渗透、潜在感染的熏陶过程，是精神价值的构筑过程。STARS 学工文化建设坚持刚性的制度管理和柔性的示范感染相结合，将制度建设与教育主体的言传身教贯穿到文化建设的全过程。这种"刚柔并济"的方法体系更显教育的丰富性、生动性和灵活性。

1. 主导性管理

学工文化建设是一个包含多级管理层、涉及多项内容的复杂工程，在建设的过程中难免会出现纠纷，这就需要高效直接的制度来解决问题。刚性的制度管理包括制度的建设和制度的执行两个层面。

首先是制度的建设。制度文化中蕴含着一定的价值理念，本质上是柔性价值的刚性规定。学生工作制度是学工文化的一个重要组成部分，制度通过对行为活动的奖惩、对是非标准的评判，在另一个侧面体现了学工文化的价值倾向与价值标准。因此，要将高校的育人理念融入学生工作制度的设计中，在制度中体现以人为本的价值理念。建设多元的学工文化制度，将精神理念渗透到制度的设计和修正中，有利于制度育人与思想育人的有机结合。

其次是制度的执行。在学工文化建设的各环节，要重视制度的约束和督促作用；在对学生违规违纪行为的管理上，要以说服教育为主，以制度惩罚为辅，通过经常性的谈话疏导使学生认识到自身的错误，并能深入反思自己的言行。

2. 隐蔽性渗透

言传是通过语言进行的教导和说服，是一种直接的显性教化；身教是通过身体力行提供一种真实、可参照的示范。言传偏重对已有的过失进行说服教育，直截了当地指明什么该做、什么不该做，是一种直接的单向灌输。身教则是一种隐性渗透的教育方式，能产生"随风潜入夜，润物细无声"的教育效果。STARS学工文化建设既需要教育者面向大学生进行文化思想的传播，更需要其以身作则、身体力行。

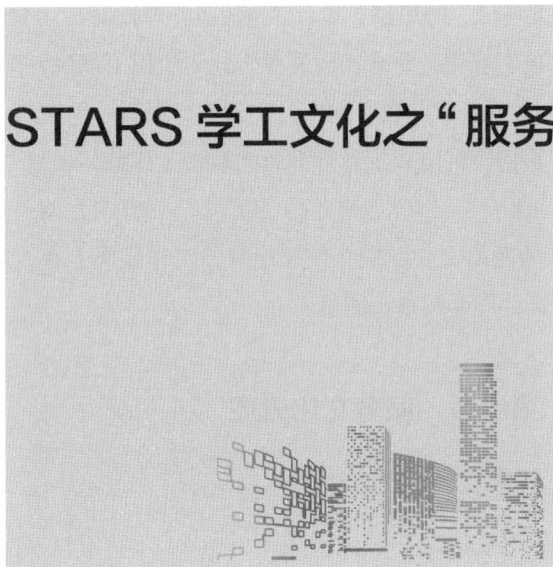

第二章　STARS 学工文化之"服务"

　　立德树人是高校的根本任务，服务育人是高校贯彻落实"三全育人"要求的重要组成部分。2016 年 12 月，习近平总书记在全国高校思想政治工作会议上指出："思想政治工作从根本上说是做人的工作，必须围绕学生、关照学生、服务学生，不断提高学生思想水平、政治觉悟、道德品质、文化素养，让学生成为德才兼备、全面发展的人才。"[①] 这段论述意蕴丰富且深刻，既为新形势下改进和加强高校思想政治工作提供了行动指南和根本遵循，也促使高校不断推进思想政治工作的实践深化和理论创新。作为高校学生思想政治教育的骨干力量，学生工作队伍更应深刻理解、精准把握服务的深层次蕴涵，并积极贯穿、转化运用到日常教育和管理工作中，关切学生成长发展的需求和期待，提升高校思想政治工作的亲和力和针对性。近年来，杭电积极发挥学科优势和人才优势，推动思想政治工作传统优势同信息技术高度融合，将与学生教育管理服务紧密相关的学工信息化建设摆在优先位置，充分利用教育部易班平台，集中力量建好校园学工平台，按照"以管理力推动点击率，以服务力

---

　　① 习近平：把思想政治工作贯穿教育教学全过程 开创我国高等教育事业发展新局面 [N]. 人民日报，2016-12-09.

赢得占有率，以教育力引导影响力"的思路，设计了"融通管理数据、让学生不得不来，优化服务功能、让学生来了管用，整合教育资源、让学生用了都说好"的"三步走"实施路线图，将各部门"数据孤岛"联通起来，实现教育资源一网统筹、学生事务一网办理、思政教育一网承担。杭电获批教育部思想政治工作精品项目"以'最多跑一次'构建服务育人的网络平台"，以学生事务的"最多跑一次"引领服务学生全过程成长成才，营造三全育人的网络文化氛围，使思想政治工作联网上线，增强时代感和吸引力，唱响网上好声音，传播网络正能量。

第一节　服务文化概述

一、服务的相关概念

（一）服务

服务，是指通过个体或团队的行动，无偿或有偿地替他人做事，满足他人需求，帮助他人实现无法完成或不愿达成的任务，包括替他人消除困扰，给他人提供帮助，为他人带来快乐。服务通常以非物质的形式或形态传递，也可以是以物质为载体体现劳动的价值。服务的本质是本着真诚的态度，投入个体的时间和精力，替他人着想，给他人提供有价值的帮助。

（二）服务学生

高校的思想政治工作以"围绕学生、关照学生、服务学生"为遵循。"围绕学生"就是高校发展战略规划制定、各项工作安排、各种制度设计、学校文化建设和各类设施建设等，都要以促进学生德才兼备、全面发展为出发点和归宿。"关照学生"就是要将思想政治工作覆盖到每一个学生，没有遗漏，不留死角；就是要在工作中了解学生的困难和困惑，帮助学生解决困难，引导学生消除困惑。"服务学生"就是要为学生成为德才兼备、全面发展的人才创造有利条件，开辟多种路径，提供丰富资源，既努力满足学生成长发展的共性需求和期待，又尽力满足学生发挥才能和创造力的个性需求与期待，使思想政治工作更具亲和力和有效性。

关于"服务学生"的内涵，目前学界有一些代表性的观点。如佘双好认为，"服务学生"就是要为学生发展进步提供全方位指导,充分发挥思想政治教育"生命线"的保障作用。① 雷虎强认为,"服务学生"必须肯定并尊重大学生作为"现实的人"这一主体地位,帮助大学生解决实际生活中的困难与困惑,为大学生的健康成长保驾护航。② 上述观点表明,高校思想政治工作要具有问题意识、强化问题导向,有针对性地解决学生成长发展过程中所遇到的各类问题。

"服务学生"是整个思想政治工作运行的目标和归宿,根植于"围绕学生、关照学生、服务学生"的逻辑体系,贯穿于高校思想政治工作的全过程,体现着"围绕学生、关照学生"任务落实的质量和成效,是"围绕学生、关照学生"的实践旨归。新中国成立以来,作为党的一项长期坚持的事业,思想政治教育一直发挥着"生命线"的重要作用,取得了显著成效。但是在较长一段时间,青年思想政治教育往往采用纯粹灌输的形式,没有认识到青年作为教育对象的主体性作用,导致不少青年学习的积极性不高,影响思想政治教育的效果。进入新时代,00后逐渐成为高校学生主体,与以往学生群体相比,由于成长环境、社会背景、教育条件不同,00后在思想观念、行为习惯、生活方式等方面有许多新的特点。面对学生的显著变化,高校思想政治工作迫切需要改革,创新教育方式和手段,在"服务学生"全面发展的过程中,探索创新发展大学生思想政治教育的实践路径,不断增强时代感、有效性和针对性。

二、学工服务文化的理论基础及现实必要性

随着我国高等教育大众化和素质教育的大力推进,学校管理、教育和服务的方式和方法也不断发生变化,传统的学生事务管理理念及模式转变成为必然。高校学生服务是人才培养工作中的重要内容,是"三全育人"工作中不可或缺的重要环节。

(一)理论基础

1.教育服务理论

马克思对"教育服务"有过十分精辟的论述。他认为,有一些服务如学校教师的

---

① 余双好.以当代中国马克思主义为指导办好中国特色社会主义大学:学习习近平总书记在全国高校思想政治工作会议上的讲话[J].求索,2017(10).

② 雷虎强.习近平加强高校思想政治工作思想研究[J].中共福建省委党校学报,2018(8).

服务（只要他是"产业上"必要的或有用的）、医生的服务（只要他能保持健康）是为了训练和保持劳动能力的服务。由此可见，马克思认为教育服务是一种"服务商品"。[①] 我们可以从广义和狭义上来理解。站在广义的角度，教育服务包括和教育相关联的任何服务，教育的信息技术服务、教育的物质产品服务等都属于这一范畴；站在狭义的角度，教育服务指的是作为精神活动的产品的一系列相关服务，具体来说包括这种精神产品的生产、消费等。[②]

高等教育服务是教育服务的一种具体形态，指的是高等教育机构及教育者运用教育设备、技术等手段向教育消费者提供的用于改变受教育者素质和思想观念，从而促进受教育者全面发展的非实物形态的产品。高等教育服务也可以理解为在高等教育领域之内的一切活动。[③] 学校和学生的关系不仅是教育者和被教育者的关系，也不只是管理者和被管理者的关系，而是教育服务产品的提供者和消费者的关系，更是服务者和被服务者的关系。学校提供教育服务，学生期望得到高质量的服务，学校也必须为学生的成长成才提供更优质的服务。因此，构建"一站式"学生服务模式成为高等教育改革的趋势。

2. 服务育人理论

"服务育人"指的是服务的主体为服务的对象提供各种满足需求的服务的过程。在服务育人过程中，服务主体需要用自身的良好形象和服务，满足学生的服务需求，同时营造一种良善的育人氛围，潜移默化地影响学生的世界观、人生观、价值观。[④]

"服务育人"也可以从广义和狭义两个方面来理解。从广义上来说，任何跟学校教学、管理、科研等相关的学生工作都具有服务学生的意义。从狭义上来说，"服务育人"指学校各部门通过优质的服务、热情的态度和模范的行为，为师生创造良好的工作、学习和生活环境；通过日常工作，对学生的观念、行为产生潜移默化的影响，使其在接受服务的过程中获得全面发展。[⑤]

"服务育人"理论并非一成不变的，需要根据学生主体意识的变迁不断优化。学

---

① 殷鸣镝，赵雪梅，刘翠.教育服务理论与学校管理理念转变的思考 [J].沈阳建筑大学学报,2005（3）.

② 川汉族.教育服务理论的提出及其实践价值 [J].大学教育科学，2005（5）.

③ 王媛.高等教育服务理念下的我国高校教师服务研究 [D].长春：东北师范大学，2008.

④ 张丹平.高校后勤工作服务育人问题研究 [D].沈阳：辽宁大学，2011.

⑤ 高斌.新时期高校服务育人路径的思考 [J].学校党建与思想教育，2009（10）.

生作为一个有思想、有特点的群体，在不断变化的社会经济环境和教育体制的转变过程中，会相应地提升自身的维权能力及市场意识，学生会将自身视为高等教育的"消费者"，会根据自身的切实需求提出差异化的服务要求。而学校作为服务的提供者，必须提升服务水平及服务能力，最大限度地满足学生合理范围内的要求。概言之，高校应该顺势而为，秉承"服务育人"理论的相关要求，强化服务的创新性，不断优化学校服务模式。

3. 马斯洛需要层次理论

前已述及，马斯洛将人类不同层次的需要划分为五种类型，从低到高依次为：生理的需要、安全的需要、爱的需要、尊重的需要和自我实现的需要。人类对食物、睡眠、性等基本条件的需要被认为是生理需要，它同时也是最低层次的需要，对应高校学生的需要即为对安全稳定的学习环境、健康的饮食等的需要，高校服务学生应提供优质的后勤服务、生活及医疗上的保障等；人类对国际政治格局稳定或个人生活稳定的需要等都属于安全需要的内容，对应高校学生的需要即为学习和生活的稳定感与安全感，高校服务学生应建立科学合理的服务机制、提供安全稳定的校园秩序；人类希望从家人、朋友、同事那里获得爱和归属感，对应高校学生的需要即为与老师、同学、朋友的和谐相处，高校服务学生应丰富学生的课外生活、培养学生的团队意识等；每个人都希望向别人证明自己并得到别人的认可和尊重，对应高校学生的需要即为希望得到老师和同学认可，高校服务学生应让教师及其他工作者关心爱护学生；每一个人都能发挥存在的价值，能够实现自我潜能的最大化，对应高校学生的需要即为追求挑战和实现自我，高校服务学生应为学生提供富有挑战性的工作或参与活动的机会。不同人的需要不同，需要的具体内容也不同，同一个人在不同的时期也会有不同的需要，很多时候几种需要会同时存在。对不同需要的追求，很大程度上会影响着我们的行为。马斯洛需要理论层次为构建"一站式"学生服务模式提供了理论依据，指引着高校更好地服务学生，优化服务学生的内容。[①]

---

① 华武佳."一站式"学生服务模式的探索与构建 [D]. 宁波：宁波大学，2015.

（二）传统学生服务模式的特点与不足

1. 传统学生服务模式的特点

（1）教育与管理并重

20 世纪 90 年代之前，中国的所谓学生服务其实就是对学生的教育和管理，强调对学生进行统一的安排。学生服务的内容相当广泛，涉及学生学习和生活的多方面，比如思想政治教育、专业思想教育、健康教育、安全教育、党团教育、组织协调能力教育与培养、学生兴趣爱好培养等。[①] 而学校的管理主要是指对学生的行为管理，通常以"学生手册"等各项规章制度为保障，往往采取硬性推行的方式，把学校倡导的思想观念、价值规范、行为准则融入各项管理条例中，使用检查、评比等奖惩机制，通过引导教育，达到学生行为的标准化。但很多学生条例存在着要求过细、过多的弊端，很多制度更存在教条化的问题，导致学生出现抵触情绪。在"教育与管理并重"模式下，高校往往处于主导、强势地位，学生处于被动地位。由于学校过于强调规范性、共性，很多学生只能隐藏自己的个性，收回主动性与积极性，以适应学校的发展要求。

（2）重教育管理轻服务

随着教育理念的不断更新，90 年代中期开始，学生服务的内涵发生了较大变化，高校服务学生的三大主题逐渐成形，分别是教育、管理、服务。高校学生服务，指的是高校注重学生的切身利益，关心学生的专业学习及德智体美劳等多方面的发展，并且深度关注学生的身心健康及人生观、价值观、就业择业观等多方面，力求为学生提供指导和帮助，从而将学生培养成为有理想、有道德、有文化、有纪律的"四有"新人。[②] 该模式将学生视作教育和管理的核心，强调在教育和管理过程中开展服务，在服务过程中进行教育和管理，服务和管理相辅相成，共同助力学生的培养工作。[③] 该模式虽然渗透了服务理念，但就实际情况而言，高校服务学生主要是为了维护校园秩序。在这种动机下，学校的管理模式就显得简单、呆板，忽视了学生真正的需求以及合理的需求。

---

① 漆小萍. 高校学生事务管理 [M]. 广州：中山大学出版社，2005：18.

② 单魁贤，李磊，曹佩红. 论高校学生工作服务理念的确立 [J]. 长春大学学报，2007（6）.

③ 李应军，郭梅. 服务型学生工作研究 [J]. 思想政治工作研究，2007（1）.

2. 传统学生服务模式的不足

（1）学生服务定位不明确

部分高校所谓的学生服务更多地停留在处理学生日常事务的层面，忽视了学生群体的特殊性及个性。高校学生服务提供者会把自己当成学生服务的控制方，对学生进行所谓的统一"服务"。久而久之，学生产生依赖性，大事小事都来找辅导员、班主任，老师俨然成了他们的保姆，这不仅让学生服务者每天忙于处理烦琐的事情，也阻碍了学生形成独立的个性或者独立解决某些问题。不得不承认，很多高校在学生服务理念上仅仅停留在"管住学生"的层面，以学校的稳定和发展为第一要务，忽视学生自我发展的需要。这是因为他们只把自己当作教育者、管理者，没有意识到自己更是一个服务者。

（2）学生服务行政化倾向严重

在几十年的发展过程中，我国高校产生了庞大的行政组织，并且行政体系与学校的教育目标越来越脱节，逐渐悬浮在教育系统之上，甚至变成了一个独立的体系。[1]部分高校从事学生服务工作的人员受"官本位"思想的影响，将学校利益、个人利益放在首位，忽视学生个体的发展。

在学生服务制度建设方面，目前我国高校的学生服务部门一般接受院系和学校学生处、团委等职能部门的共同领导，各院系的学生服务既要对院系党委负责，又要对学校相关职能部门负责，这种多重部门管理易导致职责混淆。此外，由于高校职能部门的管理体系逐渐增大，学院、系所逐渐增多，高校职能部门很难针对每个院系进行深入细致的指导。

（3）学生服务的信息化程度低

很多高校未充分认识到学生服务信息化的重要性和必要性，在信息系统的开发上缺乏统筹安排。例如，存在部门各自为政的情况，单个部门只开发跟自身工作相关的信息系统，结果就是各部门之间信息系统不兼容或信息无法共享，从而导致数据的重复采集。这极大地浪费了学校的人力、物力资源，违背了开发信息系统的初衷。

---

[1] 董云川.论大学行政权力的泛化[J].高等教育研究，2000（2）.

（三）现实必要性

1. 教育本质的内在要求

在广义上，教育指能够对人的知识、能力、技术、思想、健康等各个方面造成影响，促其良性发展的各种活动。[①] 在狭义上，教育指"在专门的教育机构，专门的教授人员对学生进行系统性、专门性、目的性、组织性的行为，从而达到促进学生某方面知识的积累、能力的锻炼的目的"[②]。无论是哪一种定义，教育无疑都是培养人的技术、知识、能力的活动，其本质都是先"树人"后"成才"。[③]

高校的根本任务和主要目标是立德树人，立德树人的内涵和要求在新时代有了全新的表现。高校服务学生有多种内容与形式，专业知识的传授、专业技能的培养、心理健康的关怀等，都是学校服务的内容。高校服务学生的最终目的是让学生呈现最独有的个性和魅力，得到最全面、最充分、最适切的培养。

2. 新时代发展的需求

随着社会的进步、经济的发展，高等教育体制也随之变革，而高校的师资、服务、就业前景等成为求学者择校时关注的重要因素，"供应商与顾客"式的师生关系被越来越多的人所认可。在这种大背景下，教师和学生之间的关系已经悬浮于传统的教育者和被教育者、管理者和被管理者的关系之上，而更多地属于一种供应商和消费者、服务者和被服务者的关系。高校要更好地发展，必须为学生提供优质服务，将学生培养成为适应社会需要和发展的高层次人才。

在此背景下，高校需要提升服务育人能力。一方面，新时代教育更注重大学生的个性化发展。在教育信息化变革中，大学生的主体地位更加凸显，且由于大学生对各类信息技术能娴熟运用，其在教育过程中的主观能动性能得到较大程度的发挥。高校只有提升服务育人能力，才能彰显大学生在校园教育中的主体地位，并从学生思想教育、教学、后勤等服务中把握大学生特征，提供多元化的服务，以满足大学生的学习和生活需求。另一方面，提升服务育人能力能推动高校教育信息化变革。以信息技术为支撑提升服务育人能力，高校将更关注大学生发展的全面性，扭转之

---

① 南京师范大学教育系.教育学 [M].北京：人民教育出版社，1984：18-19.

② 叶澜.教育概论 [M].北京：人民教育出版社，1999：9.

③ 毕铁居.中学教师需要特征及激励管理研究 [D].重庆：重庆大学，2007：37.

前重成绩、轻能力、忽视素质教育的错误观念，发挥各类服务的育人作用，使高校在以大学生为中心的理念指引下实现新时代的教育变革。①

3. 服务学生发展的诉求

以生为本、服务学生，是高校的重要办学理念。要在具体教育过程中彰显办学理念，切实帮助大学生实现全面发展，就需要高校提升服务育人能力。一方面，在教育信息化背景下，只有提升服务育人能力，才能引导大学生有效抵制各类不良思想价值观和生活习气的冲击，在日常学习生活中保持良好的习惯，最终成长为坚定"四个自信"的时代新人。为此，高校应关注大学生个体，在完善各项服务的基础上帮助大学生在信息化时代明确自身价值和成长方向。另一方面，高校只有提升服务育人能力才能有效关注大学生的情感发展，体现服务育人的全面性。在教育信息化背景下，大学生的思想情感更为活跃，他们更习惯通过网络途径表达情感、发泄情绪，这就需要高校服务者密切关注大学生的情感变化，从线上、线下全面把握服务资源，切实帮助大学生获得情感满足，并以此为大学生更好地接受教育服务、实现全面发展奠定基础。②

三、新形势下杭电学工服务文化的核心目标与重要抓手

新形势下，打造具有杭电特色的学工服务文化，必须结合杭电的信息化特色，突出"以生为本"的理念，把推动学生成长成才作为学生服务工作的主线，构建服务育人全过程的大数据平台智慧思政体系。

（一）杭电学工服务文化的核心目标

学工服务文化应契合学生发展的实际需求，以服务学生主动发展为核心目标，以全心全意为学生服务为宗旨，为学生的主动发展、自由发展和各项事务的办理提供便捷服务，精准定位服务内容和项目，打造综合性服务平台，最大限度地维护学生的根本利益，为学生的思想发展、学业提升、心理健康、就业创业、生活改善等提供完备的系列服务，努力满足学生在学习、生活中的各种合理的发展需要，确保

---

① 易际培. 基于信息化的高校服务育人新体系构建 [J]. 才智，2010（11）.

② 束方彦. 教育信息化视角下高校服务育人能力的重要性及提升策略 [J]. 重庆电子工程职业学院学报，2021（8）.

学生顺利完成学业，并为其毕业后的发展提供延展服务。

杭电学工服务文化的核心目标是促进学生自主发展。杭电依托学科优势，将大数据运用于学生教育管理和服务。研发"精准思政大数据一体化平台"，逐步构建起一套涵盖数据采集、数据处理、数据分析与应用服务的"四精型"（精准教育、精细管理、精准服务、精准评价）网络育人模式。开发"精准资助""精准学业帮扶""精准心理健康教育"等系统，在家庭经济困难学生资助、学业规划与引导、心理危机事件处理等方面发挥了积极作用。大力推动网络文化建设工作与学生思想政治教育高度融合，大力推进"大数据+学生教育管理服务工作"，构建"三全育人"工作大数据一体化平台；整合学校已有的"互联网+课程""互联网+思政""互联网+党建"等系统，不断拓展平台功能，把网络技术的运用贯穿于"十大育人"体系构建的全过程。

（二）杭电学工服务文化的重要抓手

杭电以建立学生管理服务一体化网络平台为起点，在学生思想政治教育实施路径与数字化网络平台功能实现的交互点上下功夫，探索构建基于数字赋能的学生工作数字化平台。经过两年的努力，逐步建立起学生在校全周期事务办理系统、学生学业考勤系统、重点学生群体精准教育管理系统等工作平台，正在打造基于学生发展需求的差异化发展性指导系统。同时，杭电秉持"用大概率思维应对小概率事件、用差别化平台服务学生个性化需求、用结构化程序推进扁平化落实、用常态化分析构筑量化考核机制"的工作理念，探索构建具有中国高校特色的大学生智慧思政平台，取得了较好的效果，有助于实现"三全育人"目标。

杭电智慧思政平台基本的逻辑架构主要包括"八大系统"：学生一站式事务办理系统、定性量化数据再造系统、重点学生群体干预引导系统、差别化服务引导系统、先进学生群体教育引领系统、学生成长氛围营造系统、结构化程式落实展示及督促指导系统、工作效果评估反馈及考核系统。根据"八大系统"，杭电自主设计了"五个数字赋能综合应用场景"：学生学业生涯规划及智慧学业导航、学生职业倾向预测及智慧就业导航、学生个性品行培养及智慧身心健康导航、学生社会适应发展及智慧成长导航、辅导员职业能力培养及智慧发展导航。

杭电智慧思政平台围绕"一根主线""三个系统"来搭建。其中，"一根主线"是指构建全域性的思想政治教育资源整合与数字服务平台，完成"思政云"的生成和凝聚，构架"思政云"环境，营造"思政云"空间矩阵，集成"思政云"平台，链接"思政云"资源，达成"思政云"服务。由此，智慧思政体系既是一个集成不同部门、不同层次的信息数据的系统性工程，又是一个面向世界一流大学创新管理服务体系和实施高校治理现代化的改革创新工程与全面育人工程。"三个系统"即智能式思政工作组织系统和思政工作绩效评价系统、智通式思政工作协同执行系统、智联式思政工作领导决策系统，旨在打造和实施智能识别、智联互通、智慧治理的全程性思想政治教育。智能式思政工作组织系统和思政工作绩效评价系统依托精准思政大数据一体化平台，实现对思想政治工作风险隐患的精准研判、自动预警和对育人成效的追踪与评价；智通式思政工作协同执行系统要达成的目标是教师和辅导员都能在大数据平台上拥有工作阵地、记录工作足迹，打破"十大育人"体系间的壁垒；智联式思政工作领导决策系统综合运用数据采集、数据挖掘、数据交互、深度学习等技术手段，大力推进各领域工作系统深度融合，全面记录育人工作过程，实时反映学生成长各阶段、育人工作各环节的实际状况。

第二节　服务文化的杭电足迹

杭电始终将学生成长成才视为第一要务，特别是在党的十九大召开之后，杭电结合多年来的学生工作内涵积淀，融入新时代的要求，围绕学业指导、帮扶资助、心理健康、就业指导等工作，着力打造育心育德的教育服务体系，助推学生全面发展。

一、学业指导服务

杭电历来重视学风建设和学业指导，发挥榜样的示范作用，营造浓厚的学习氛围。如：每年组织校级"十佳大学生"评比和"十佳先进班集体"评比；组建"E路同行"优秀大学生宣讲团，深入各大校区、新生训练营等开展宣讲；出台《杭州电子科技大学关于加强和改进本科生学风建设的实施意见》等文件，组建学风建设督查队；组织"高等数学期末复习谈"等学业指导活动，以直播的形式为学生答疑解惑；实施"益师e友"计划，由校领导带头，机关干部参与走访学生寝室，与学生座谈交流，了解学生动态，指导学生发展。

二、帮扶资助服务

杭电认真贯彻落实国家"五个确保"的资助承诺，在浙江省学生资助管理中心的指导下，始终坚持"育人"与"助人"相结合的工作理念，形成以"奖、助、贷、勤、补"多位一体的保障型资助体系和以提高学生整体素质为主体的发展型资助体系双轮驱动的机制，已建成基于易班大数据的学生资助系统。作为首批"浙江省学生资助工作典型高校"和首批易班建设试点高校，杭电在抓住信息化建设机遇，顺势而为，对标精准资助，助力隐形资助，聚焦学生人才培养和个性发展。学校"阳光体育"、"最多跑一次"学生资助事务办理等项目和寒门学子优秀事迹多次被国内媒体报道。

（一）增强资助工作的育人功能，构建发展型资助体系

1. 实施"卓越人才资助"项目，聚焦精准资助

第一，对象精准。"卓越人才资助"项目以卓越学院、新疆与西藏籍少数民族学生群体为试点对象，从 2012 年开始实施。通过对学生的家庭经济状况、思想品德、学习科研能力、自我发展的心理诉求等多方面进行综合考评，每年选拔 20 名具有潜质的学生作为"卓越人才资助"项目的资助培养对象。

第二，需求精准。"卓越人才资助"项目从学生的实际出发，通过问卷调查、访谈等途径了解每位学生的实际发展需求，制定个性化资助方案。

第三，效能精准。经过 4 年的培养，参与"卓越人才资助"项目的学生申请入党、参加活动积极性高，专业学习兴趣浓厚。其中，方润同学考取了武汉大学硕士研究生，还获得了国家奖学金特别评审奖，个人事迹被收录于教育部全国学生资助中心编写的 2014 年度国家奖学金获奖学生风采录；维吾尔族学生塔义尔学习刻苦，政治素质过硬，大四学年加入中国共产党，毕业后留在学校学生处工作；藏族学生洛松次拉进校时学习基础薄弱，后来成绩稳步提升，他积极参加学校各类活动，获得了校十佳勤工助学之星、"阳光长跑"优秀个人等多项荣誉称号，如今考上西藏地区公务员，回报家乡。

2. 选拔本科生助教，提升专业能力

为发挥优秀本科生对教学的辅助作用，杭电从 2013 年开始在全校公共基础课、

学科基础课中先行试点本科生助教项目，选拔部分优秀本科生担任课程助教，协助主讲教师完成批改作业、课外答疑、组织课堂讨论、指导实验等工作。该项目深受学生好评，不仅减轻了教师的事务性工作负担，更锻炼了学生的专业能力、组织协调能力和思考能力。

3. 培育示范典型，发挥榜样力量

为了更好地发挥优秀学生的榜样引领作用，杭电在2008年率先实行国家奖学金公选机制。申请人以演讲的形式在大会上介绍个人事迹，由教师、学生评委团投票，差额评选出国家奖学金推荐人选。经过多年的探索，国家奖学金公开评选的做法受到广大师生的一致认可。评定过程彰显了公平、公正、公开原则，参评学生获得充分锻炼，学生观众则受益匪浅。每年各学院举办的国家奖学金评选大会达10余场，参与评选的学生观众近5000人。学校还组织国家奖学金、国家励志奖学金获得者代表开展事迹报告会，场场爆满，座无虚席。

学校连续10余年举行十佳勤工助学之星（10人）评选，每年还评选十佳勤工助学之星提名奖，树立典型，进行先进事迹展评。10余年来，学校涌现了大批专业成绩优异、社会服务工作优秀的佼佼者，其中有5位学生荣获十佳勤工助学之星、国家奖学金、校十佳大学生等"大满贯"。

（二）关注学生全面成长，输血造血促发展

杭电积极探索构建以提高经济困难学生素质和能力为导向的发展型资助体系，在促进学生成长成才的特色项目上下功夫。

1. 培训"阳光体育裁判员"

学校资助管理中心和体育教学部联合开设了"阳光体育裁判员"项目，举办学生裁判员培训班，服务师生体育活动，实现了勤工助学岗位增加、经济困难学生实用技能增强、群众性体育活动丰富多彩的"三赢"，浙江在线等媒体作了专门报道。

目前，杭电已开设篮球、排球、足球裁判员等11个培训项目，经济困难学生免费参与培训。培训合格者颁发裁判等级证书，由体育教学部统一注册管理，向各类体育赛事推送裁判员。2010—2020年，共有2700余名经济困难学生参加培训，学生担任裁判员的规模达3800余人次，学校发放培训费51余万元、勤工助学工资63余万元。为经济困难学生开办裁判员培训，提高了学生的体育人文素质、体育赛事组

织管理能力，增强了学生的自信心，实现了从"资金式"资助到"能力式"资助的转变，培养了学生的创新能力与实践能力。

2. 开展"感恩母校——招生宣传寒假社会实践活动"

"感恩母校——招生宣传寒假社会实践活动"是杭电用勤工助学的方式，结合招生宣传工作，鼓励经济困难学生积极参加社会实践的新举措。每年寒假，组织学生回高中母校探望老师。学生通过张贴海报、举办宣讲会等形式，向高中母校介绍学校各方面情况，同时广泛搜集高中母校对高校的办学建议和良好祝愿。该项目从2011年开始实施，增进了学校与生源地高中的联系，产生了积极的招生宣传效应，增进了在校生对学校概况、专业设置的了解。该项目深受学生喜爱，参与规模从2011年的86支队伍400余人扩大到2020年的300多支队伍2000余人，足迹遍布省内外百余所高中。

3. 关爱少数民族经济困难学生

学校现有新疆籍和西藏籍少数民族学生167人，他们普遍存在经济困难、学习基础薄弱等情况。学校先后设立了"亚克西""雪域明珠"专项奖学金，与后勤协调对少数民族经济困难学生实行清真饮食优惠，由学生资助系统自动识别结算。学校每年在古尔邦节等特殊节日发放临时补助，让少数民族学生感受家一般的温暖。

针对少数民族经济困难学生学习基础薄弱的情况，教务处出台了相关文件，对学生的课程学习以及转专业要求予以照顾。各学院安排专业教师开设数学、英语和计算机课程补习班。学生处张老师发挥数学专业特长，从2017年开始，每周为新疆籍、西藏籍少数民族学生补习高等数学课程，累计辅导学生50余名，学生高等数学等基础课程挂科率明显降低。2019年，全校9名新疆籍、西藏籍少数民族学生获评国家励志奖学金。

（三）依托易班搭建平台，数据驱动信息化智慧资助

2017年11月，浙江省易班发展中心落户杭电。杭电抓住契机，建立基于易班平台的一站式学生事务大厅，涵盖了入校前的迎新业务以及在校期间的个人信息管理、资助申请等各项学生事务。

过去，杭电学生申请家庭经济困难学生认定、国家或省级奖助学金等，都采用手填的方式，数据不准确，难以规范化操作，直接导致后期数据汇总、审批工作效

率低下，返工率高。杭电梳理教育部、浙江省政府出台的相关文件内容，自主研发了学生资助系统（PC版），于2016年正式上线。所有的申请、审批都在该系统上操作，与学生相关的数据均从学校数据库中直接提取，解决了数据填写不规范、不准确的问题。2016年，各类资助审核工作时间由原来的一周缩短至两天，返工率从原来的20%降为0。2018年，学校在原有学生资助系统（PC版）的基础上，开发了易班平台学生资助系统（手机版），让学生随时随地都能通过手机完成各类资助的申请，查看进度，极大地方便了学生，真正做到了学生资助工作从"最多跑一次"到"一次不用跑"。近年来，在学生资助系统上共完成包括绿色通道申请、家庭经济困难生认定以及国家奖学金、国家励志奖学金、国家助学金、省政府奖学金申请审核等在内的奖助业务，共计5万多人次。

当前，学生资助系统的大数据平台已全面对接学生四大数据：（1）学业数据，包括课堂考勤、选课、考试、培养计划、图书借阅数据等；（2）生活数据，包括一卡通消费、作息、就医数据等；（3）心理数据，包括心理咨询、心理评估数据等；（4）职业数据，包括在校期间所获荣誉、社会工作、培训、实习数据等。接下来，学校资助中心将进一步以"信息化智慧资助"为方向指引，将学生各类信息进行数据关联分析，绘制学生"行为轨迹"，提供学生"数字画像"，推动精准管理、精准资助、精准育人、精准服务内涵式发展，实现学校帮扶资助从"喷灌式"向"滴灌式"转变，增强育人实效。

三、心理健康服务

近年来，高校学生心理问题及其引发的突发性事件日渐增多，成为全社会关注的热点，也给从事学生工作的辅导员带来很大的工作压力。而最大的挑战在于，学生心理问题具有隐蔽性和突发性，主要表现在前期发现难、中期处置难、后期沟通难。针对"发现难、处置难、沟通难"的问题，杭电主要围绕以下三个方面为学生提供心理健康服务。

（一）数字赋能推动心理健康服务，解决"发现难"问题

浙江省高校思政网络中心落户杭电，促进了学校的数字化改革。在浙江省教育厅宣教处的大力支持和精心指导下，杭电深度分析了近10年来发生的学生心理危机事件，自主研发了心理危机预警与干预系统，建立了心理问题摸排模型。通过对学生当前精神、情绪行为、近期生活事件等7个相关因素的132项具体指标进行标记赋分，由学院辅导员初筛初评，学校心理中心老师复核定级，分别用红、橙、黄、蓝4种颜色代表不同严重程度预警等级，并通过系统同步反馈具体干预和跟进方案。从精准摸排、预警定级到后期干预跟进，均在精准思政心理预警平台全程可见可追溯，从而构筑了心理危机早发现、早研判的线上线下联动干预机制。

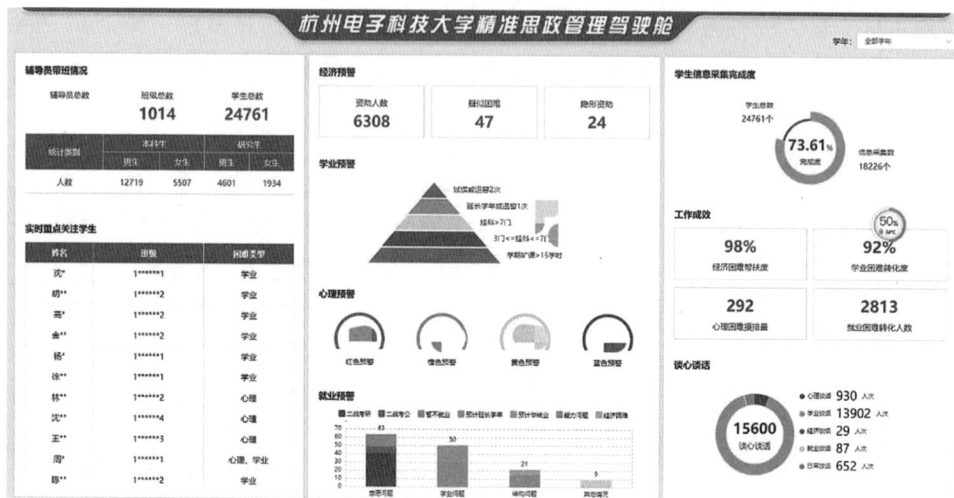

精准思政大数据一体化平台

（二）专业技能助力心理健康服务，解决"处置难"问题

数字赋能让学生工作更智能高效，延长了学生工作的手臂，但是对存在心理问题的学生的干预、心理危机事件的处置等，都需要一定的专业素养。为此，杭电构建"课程教学、咨询服务、宣传教育、学生自助、科学研究"五位一体的心理健康教育模式，搭建由专兼职心理咨询团队、学院心理辅导站、班级心理委员和寝室长组成的四级工作网络。

1. 加强心理健康专职教师队伍建设

2016年，学校心理健康教育中心开始扩容专职教师队伍，从3人增加至6人，目前师生比略高于1∶4000。现有的专职心理教师中，有5位教师考取注册心理师，1位教师拥有副高职称，1位教师考取注册督导师。专职心理教师目前归属学生处管理，为辅导员编制，职称职务评审参照辅导员评审体系。学校现有兼职心理咨询师12人，外聘精神科医生3人。心理健康中心每两周召开一次专兼职心理咨询师的案例研讨和督导会议。

2. 加强辅导员心理专业能力培训

目前，杭电新入职的辅导员的学科背景大部分并非心理专业，普遍缺乏识别心理问题的能力，需要加强心理专业能力培训。2022年1月，浙江省教育厅宣教处率先开展全省高校辅导员队伍心理助人能力培训，在理论学习、实操训练、模拟场景三个方面提供系统培训，特别是现场模拟环节，让受训者参与到心理助人全流程处置过程。这样的专业培训可以有效提升辅导员处理心理危机事件的能力和心理健康服务育人成效。

（三）家校联动提供心理健康服务，解决"沟通难"问题

从杭电的统计数据来看，近90%的心理疾病学生存在早期家庭教育问题，57%的心理问题直接与家庭有关。在新生入学之初，杭电要求每位新生辅导员对学生个人及其家庭进行摸排，如孤儿、"留守儿童式长大"、单亲家庭、离异家庭、家庭经济困难、身体残障等情况，做到一人一档、一月一联系。有些学院还会在线召开家长会，做到前置交流、过程沟通、事后反馈等。很多一线辅导员深度贴近学生，不仅懂得"打王者""吃鸡"等网络语言，与学生处在同一个话语频道，还了解学生所学专业的前景，会讲思政课，也能和家长谈人生经历、育儿感悟。

四、就业指导服务

杭电是全国毕业生就业状况布点监测100所高校之一，学校党委认真落实就业工作"一把手"工程，切实履行稳就业主体责任，采取各种举措提升就业服务质量。2021年，5288名毕业生（研究生1361人，本科生3927人）毕业去向落实率为95.84%（其中研究生毕业去向落实率98.16%，本科生毕业去向落实率95.03%），其中本科生考研升学率33.08%。大部分毕业生实现高质量就业，留浙就业占比为70.48%，其中留杭就业占比为80.14%。到校召开宣讲招聘会并录用50人以上的企业有华为、海康、大华、字节跳动、恒生、浙商银行等。优质的人才培养质量也吸引了众多头部企业加大招聘力度，2019—2021年，华为在杭电共录用毕业生502人，

海康威视共录用毕业生 320 人。杭电每年有近 1000 名毕业生到杭州滨江高新区工作。从整体就业情况来看，充分体现了学校电子信息人才培养特色与浙江省尤其是杭州市数字经济发展的紧密关联度。

总结学校大学生职业规划和就业指导服务工作的典型经验，主要有三点：一是以"人才培养"为导向，围绕提升就业满意度和健全人才培养体系，"走出去"与"请进来"相结合，加强校企合作，拓展合作载体，丰富合作形式，全面提升毕业生就业质量。二是以"就业规律"为导向，不断壮大就业工作队伍，探索实施"互联网 + 就业指导服务"工作模式，落实精准就业，做好困难毕业生群体的就业帮扶转化，构筑全程化、个性化的就业指导服务体系。三是以"职业发展"为导向，将职业规划与精准思政对接，开展"一对一"就业指导服务，探索"一站式"互动体验实践教学，助力学生职业规划素养的培养和就业能力的提升。

（一）聚焦人才培养质量，整合线上线下资源，助力毕业生就业

杭电始终将就业工作摆在突出位置，作为立德树人重要内容。学校党委出台了关于切实加强学校毕业生就业创业工作的十条意见，组织各二级学院书记、院长召开毕业生就业工作推进会，压实工作责任。校长、副校长参加"预见未来，校长直荐""就业习来，逆势飞扬"等线上平台直播活动，在直播间向社会和用人单位推荐毕业生。学校这两年也连续为毕业生特别是重点关注群体提供非编行政管理岗、科研助理岗等过渡性校内就业机会，同时也积极响应国家政策落实"第二学士学位"招生，2021 年共录取 301 名毕业生留校继续学习，成为浙江省该专项招生人数最多的高校。

杭电坚持服务国家重大战略需求，着眼国家电子信息行业，培养应用复合型创新人才，2021 年牵头建设浙江省数字经济产教融合联盟，发挥校企协同育人优势，与华为联合建设"智能基座"产教协同育人基地，进行鲲鹏、昇腾产业人才的联合培养，实现人才培养与行业企业需要的无缝衔接。杭电开展了基于校企联动、课程共建、就业育人的人才培养质量提升工程，完成 2021 年学校人才培养质量反馈专题调研报告；组织实施了 2021 年杭电就业"双百计划"行动方案，安排走访调研 100 家以上用人单位和邀请 100 家以上企业的 HR 进校园讲就业课程。通过 2021 年杭电就业"双百行动"计划，校领导、职能部门和各学院领导带队全年走访优质企业共计 130 多家；有 100 多名企业高管和 HR 受聘成为杭电就业指导课校外讲师，走进校园课堂给大学生上就业指导课，进一步优化了大学生就业指导课程体系，强化了就业育人

的新模式和校企交流合作。

（二）融合学校信息化特色，创新就业工作数字化平台，落实精准就业工作体系

作为一所电子信息特色明显的高校，杭电积极主动占领思想政治教育网络新阵地，搭建思政教育网络新平台。新冠肺炎疫情防控使学校工作面临诸多新情况，学校因事而化、因时而进、因势而新，精准思政大数据一体化平台由此上线，推出了"精准学业帮扶""精准心理健康教育""精准资助""精准就业"等四大系统，以数字化改革赋能教育治理现代化。网络精准就业系统通过大数据赋能高校学生管理，实时掌握毕业生就业动态，对毕业生分层分类指导，及时向毕业生推送专业相关岗位，对重点群体毕业生开展就业帮扶，在学校和学院两个层面的就业岗位推荐、简历指导、就业技能提升上给予资源倾斜，不断提高就业工作的针对性和精准性。根据精准思政大数据一体化平台系统数据，2021 年，学校二级学院对各类需关注的毕业生群体予以帮扶，626 人成功就业，其中一对一重点帮扶成功就业 204 人。后续，学校将进一步探索"互联网＋就业指导服务"工作体系，研究和开发类似"上课啦"AI 助手打电话催学生上课的模式，把学校大型招聘会相关岗位、所在摊位和优质企业进校宣讲招聘相关岗位、宣讲时间及所在教室等信息通过就业 AI 助手，以语音打电话和发短信的方式精准推送给相关学生，同时也把未就业学生求职信息精准推送给相关企业的 HR，实现企业用人需求与毕业生求职期望相匹配。杭电开发精准就业系统的目标，不仅是精准了解毕业生动态，更重要的是能从学校、学院、家长、社会、网络人工智能系统各层面对未就业学生进行更多的精准帮扶以及就业信息岗位的精准推送。

（三）围绕学生职业发展，完善课程体系，分层次、分阶段培养学生职业素养和就业能力

1. 由浅入深、点面结合，做好职业规划服务

"大学生职业发展与就业指导"课程是大二、大三学生的必修课，每学期均有 8000 人以上的学生学习该课程。目前该课程师资库共有 52 位教师，学院的副书记占 1/3，学院辅导员和行政管理人员占 1/3。在授课的基础上，面向全校学生举办分主题的工作坊、团体辅导和沙龙活动，并鼓励学生参加学校的招聘会和各类省级、校级竞赛活动。在浙江省第 12 届职业生涯规划大赛中，杭电共有 2 个项目获得省二等奖。

课程体系化建设的高一层级的服务是，由职业规划和就业指导导师面向在职业规划和就业过程中有困惑的学生，提供一对一的咨询服务。全校目前共有 15 名职业规划和就业指导导师，他们是各个学院的副书记和辅导员。2020 年，因为新冠肺炎疫情对线下授课的影响，学校开通了线上咨询指导服务，累计 151 人次的学生接受了一对一的职业规划和就业指导咨询服务。

杭电将职业规划和就业指导服务与精准思政建设相结合。如，在精准思政就业指导平台上有就业困难的学生，学院辅导员会将其信息推送到学校就业中心，再由就业中心安排一对一的就业咨询。整个就业指导过程，从面到点、逐步深入，由浅入深、按需服务。

2. 全程化、全员化，做好就业指导服务

根据以往的就业指导工作经验和 00 后学生的特点，杭电认识到，要在学生低年级的时候就引导他们树立职业规划意识。就业指导目标是：帮助新入学学生确立学习目标，帮助大二学生掌握生涯规划的工具和树立职业价值观，帮助大三学生探索外部职业环境，帮助大四学生提高求职技能。

在每学年开学初（9 月），学校就业指导中心的老师会以就业创业指导中心的微信公众号为平台，面向全校学生开展关于职业规划各个主题需求的调研。通过这样的方式，了解学生的需求，并根据学生的需求进行该学期教学主题的重点设置，使就业指导工作全程化、全员化。

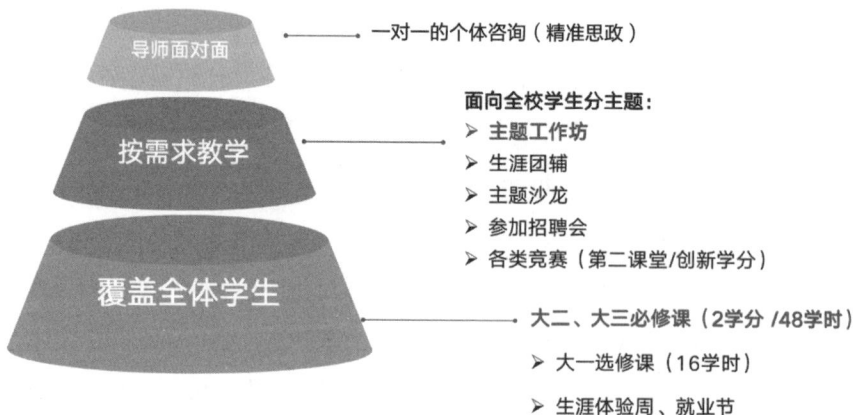

教学过程体系模型

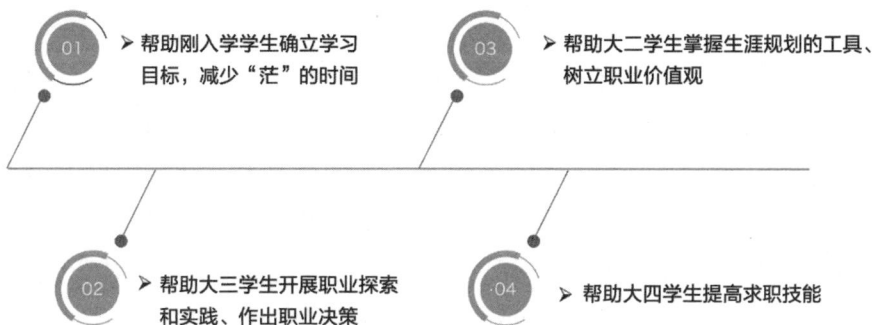

01 ▶ 帮助刚入学学生确立学习目标，减少"茫"的时间

03 ▶ 帮助大二学生掌握生涯规划的工具、树立职业价值观

02 ▶ 帮助大三学生开展职业探索和实践、作出职业决策

04 ▶ 帮助大四学生提高求职技能

就业指导的目标

第三节 "最多跑一次"改革的杭电经验

教育信息化是国家信息化发展整体战略中的重要组成部分，是教育现代化的基本内涵和显著特征，也是"教育现代化2035"的重点内容和重要标志。当前，浙江引领的"最多跑一次"改革已经进入新阶段，要确保实现跑一次是底线，力争实现一次不用跑成为常态、跑多次是例外。要以"最多跑一次"改革为引领，实现服务理念、体制机制、工作方式的大提升。

杭电立足教育信息化迈入2.0时代，围绕加快教育现代化和建设教育强国新征程，落实立德树人根本任务，着眼于提升思想政治工作质量，在统筹推进校园信息化基础设施、平台搭建、应用开发等工作过程中，将与学生教育管理服务紧密相关的学工信息化建设摆在优先位置，集中力量建好易班校园学工平台，将各部门"数据孤岛"联通起来，建立中心数据仓库，以"最多跑一次"改革为切入点，构建服务育人全过程的网络思政平台。

一、深化学生事务的"最多跑一次"改革，实现教育资源一网统筹、学生事务一网办理、思政教育一网承担

"最多跑一次"改革是省委、省政府向全省人民作出的承诺，体现的是以人为

51

本，蕴含的是观念革新，推动的是转型发展，是一场从理念、制度到作风的全方位深层次变革。作为浙江省首批 5 所重点建设高校，学校积极响应省委、省政府的号召。学生处牵头梳理、整合、优化各部门涉及学生事务流程，建立贯穿学生校园学习生活全周期、涵盖学生事务办理全领域的线上办事大厅，向师生提供"入学、在校、毕业离校"全过程、全终端的一站式服务，如新生迎新、奖助学金申请、贫困生认定、新生入学教育考试、就业信息获取、毕业生离校等事务服务，涵盖线上学生事务大厅、辅导员工作平台、迎新系统等产品。实现包括退改所选课程、请假、查课表、查成绩、查绩点、图书馆借阅信息等学生高频事务全部网上办理，努力让学生事务从"最多跑一次"到"一次都不用跑"。

（一）以强融通做到"善建"，"让学生不得不来"

一是搭建学生事务模块，梳理、整合、优化各部门涉学生事务流程，建立贯穿学生校园学习生活全周期、涵盖学生事务办理全领域的线上办事大厅，涵盖学生查课表、查成绩、查绩点、图书馆借阅信息、申请困难生认定、申请国家励志奖学金、退改所选课程等 56 项功能，做到网上能办的事都在网上办，让学生"少跑腿、好办事"。二是搭建学工业务模块，建立适应相关部门业务受理和学工队伍业务处理的工作管理系统，与各项学生事务办理相衔接，涵盖了学工系统的考核、新生入学教育组织等功能。三是搭建第二课堂模块，建立学生各类型第二课堂活动在线查询、报名等环节的生态闭环，有效促进学生提升素质、服务大局、融入社会。

（二）以优服务推动"善用"，"让学生来了管用"

一是在易班平台上开发了学生工作管理系统的 PC 版和手机版。实现了线上学生信息查询、经济困难学生认定、奖助学金申请、毕业生离校系统、新生分班和编学号系统、新生报到数据统计、新生报到与缴费查询，以及新生入学考试的申请、查询、审核等诸多功能，基本满足了学生日常事务管理的需要。二是将"数字杭电"接入易班。"数字杭电"是学校开发的服务平台，有办公自动化、信息查询及文件通知等功能。三是将智慧生活接入易班。学校将"智慧后勤"与易班相对接，实现众多满足学生日常生活需求的功能，包括查水费、查电费、网上报修等。学校的愿景是实现服务功能的全覆盖。四是试点易班优课平台。在迎新季，学校将新生始业教育、防诈骗安全教育、军训理论课程、辅导员直播间等搬到优课平台，实现线上线下思政一体化。

（三）以抓统筹推进"善谋"，做到"让学生用了都说好"

学校善用极致思维，深挖需求，为易班推广建设打造优质产品。极致就是把产品和服务做到最好，超越用户的预期，没有极致思维，就没有极致产品。学生处利用"杭电助手"社团做学生工作信息化的需求分析，并交付杭电易班网络文化工作室等一批学生团队进行技术研发，将产品建设和易班推广建设深入结合起来，为易班推广建设打造优质产品。同时，结合学校的办学特色和学生自主开发能力，不断开发满足学生刚性需求的各类轻应用，组织学生喜闻乐见的校园文化活动，强化服务功能。

现阶段，学校已经初步建好基于易班的"杭电学生"学工平台，向师生提供"入学、在校、毕业离校"全过程、全终端的一站式服务，实现了学生事务化整为零，将传统业务系统的功能碎片化，针对每一个碎片的功能点进行开发，方便快速优化和迭代；产品支持用户自定义，用户可以根据学生工作特点进行配置流程，操作便捷灵活、拓展性强；产品使用图表来总结复杂的数据，方便学校职能部门的工作人员直观地了解、掌握各项工作的进展情况和统计数据。校园学工平台在极大程度上抓住了学生的痛点、痒点和兴奋点，始终追求极致的用户体验，将这些功能内嵌于易班平台，极大提高了易班的用户黏度，让易班成为好用、学生爱用、爱分享的平台。万能查询应用范围广泛，是一个十分有用的小功能。可查询以下内容：学习上，各种获奖名单、奖学金绩点等级、考试安排、平日课表、四六级成绩；联系上，可公开通讯录（部门电话、各组织社团电话、老师办公室电话、寝室楼电话等）、老师办公室地址；体育上，阳光长跑成绩、体测成绩及补考成绩；生活上，电费水费查询、报修系统、一卡通余额；还包括教室使用情况、勤工助学工资、学校行程安排（运动会等）等的信息查询。可以说，目前已基本达成了第一阶段的目标：让学生从"最多跑一次"变为"不用跑一次"。

二、利用点名系统"上课啦"等小程序推进教与学的融合，助推协同育人的"大合力"

（一）利用点名系统"上课啦"推进教与学的融合

"课堂管理"是学风建设中的老大难问题。传统的课堂管理，主要依靠教师课堂点名，当前也出现了很多的点名方式如拍照点名、扫二维码点名、人脸识别等等，考勤结果既无反馈，也无处理意见。如何破题？杭电师生协作，经过半年的研发，开发出基于协同创新、过程管理、大数据分析理念的课堂考勤管理系统，学生们给它起了一个可爱的名字——"上课啦"。"上课啦"App实现了五大功能。一是数据无缝对接。教师课表与花名册和教务系统同步，随时查看。二是考勤无纸化。PC和移动终端，课堂考勤和平时成绩一键记录。三是大数据分析。自动识别"考勤信用"低的学生，提醒教师予以关注。四是信息共享，协同管理。考勤数据同步共享，教师、辅导员、教务分类管理。五是节省时间，提高效率。学期末考勤和平时作业数据自动统计，设定子账户，学生助教辅助输入平时成绩。原先100人的课堂考勤至少需要8分钟，现在最短15秒就能完成考勤，大大提高了教师管理课堂的效率。通过"上课啦"的使用，学生到课率显著提高，现在每天平均到课率达97.6%以上，比2018年提高约8个百分点。同时，"上课啦"还搭载智能AI语音提醒系统，点名一结束，系统自动连接智能AI语音系统给旷课的学生打电话，提醒学生上课，同时告知旷课的纪律细则。系统也将考勤数据实时同步给辅导员，并对旷课学生的原因和行为进行分类分析，提醒辅导员进行主动干预。

总之，杭电的老师上课不用带纸质点名册了。通过这个平台，学校构建了一个立体的"促学体系"，实现四大功能：一是学生自我管理，旷课时智能语音助手会催促学生；二是教师课堂管理，多次旷课的学生将进入系统中的考勤推荐名单；三是辅导员思想引导，旷课较多时，系统会将学生名单推送给辅导员，辅导员适时予以干预；四是制度约束功能，学生旷课若达到处分标准，其信息将会送达教务人员。

（二）利用"自主报到系统"打开各部门协同迎新之门

新生报到一直以来是学校最关注的事情。家长与新生提着大包小包的行李，排队注册、缴费、领取物品等，费时费力。为了解决这一难题，杭电建立了集学工、教务、行政、后勤等各部门数据为一体的数据仓，形成"新生自助报到系统"。使用自助通道完成注册流程，平均时长4秒。2020年9月，受疫情影响，家长不允许进校，杭电利用自助报到系统，实现了全体新生无家长陪护独立自主报到。整个报到过程平稳有序，没有一位家长投诉。新生自助报到系统通过梳理报到流程、简化报到步骤、对接学校数据，极大地降低了报到的复杂度，让新生可以根据手机上的指引，自助完成报到流程。同时，学校老师可以实时查看所有班级、每个新生的报到状态。

三、以精准资助、精准学业帮扶、精准心理健康教育为主体的精准思政大数据一体化平台建设

（一）经济困难精准资助系统为资助育人提供大数据支撑

现有资助体系存在三大问题：其一，家庭经济困难学生数据无法量化、无法精准识别，难以合理分配资助资源，贫困生资金发放存在平均主义问题；其二，资助工作业务流程烦琐，难以追溯和监控；其三，家庭经济困难学生资助效果难以追踪，无法精准帮扶。精准资助系统将一卡通生活费消费记录、用水用电数据、上网行为数据等整合，对明显低于平均消费水平的学生进行隐性资助，筛查形成疑似贫困、疑似虚假贫困数据，并通过资助分析形成学生画像，为资助育人跟踪提供大数据决策。由此，杭电建立了资助流程线上管理、家庭经济困难学生动态资助、资助育人效果实时跟踪、疑似贫困主动关怀、虚假贫困辅助排查的精准资助系统。

（二）学业障碍精准帮扶系统为学风建设提供底线保障

学业障碍精准帮扶系统针对学业困难学生实时帮助不及时，帮扶效果难以跟踪的问题，采集基于"上课啦"点名系统和教务处成绩系统的成绩，进行累积分值四级预警：试读或退学警示 2 次定为一级预警；退学警示 1 次为二级预警；上学期有 2 门课以上挂科或 GPA 低于 2.5 为三级预警；当学期旷课累计超过 15 学时为四级预警。该系统率先在国内高校实行学业预警分级。学业预警系统协助辅导员、任课教师及时关注了解学生的学习状态，精准定位学业困难学生，从而适时引导，及时警示干预，给予精准帮扶。

（三）心理危机精准干预系统为平安校园护航

心理危机精准干预系统的目标是及时发现并预警学生的"孤僻"问题。"孤僻"预警主要是通过分析学生一卡通的消费数据和公寓门禁系统数据，挖掘学生可能的朋友关系和朋友亲密度，并计算出学生的社交活跃度。以社交活跃度来衡量学生的孤僻程度，最终生成疑似孤僻名单。同时综合主动去心理中心咨询的学生名单和辅导员主动发现疑似心理问题学生名单，形成综合预警名单。心理健康中心将综合预

警学生相关诊断信息上传到系统中，同时通过相关的消息推送接口将综合预警名单咨询记录推送给辅导员、学院学生工作负责人、学生处相关负责人。辅导员定期进行访谈，通知家长，将相关的工作记录上传到系统中，系统会将这些记录长期保存，以此建立四级预警分析模型。一旦学生偏离习惯性轨道，报警阈值就会被触发，系统会提醒辅导员等相关人员及时介入，给予疏导和帮助，帮助学生走出困境，规避学生可能面临的风险，提升管理的及时性和有效性。

特别是疫情防控期间，杭电打造疫情防控大数据智能生态场，助力教学工作正常运行。2020 年五一假期，杭电在浙江省高校中率先开学。学校将学生健康打卡系统、学生返校申报审核系统、校园管控人脸识别系统、杭州健康码系统、学生离校请假系统实行多数据关联，消除"数据孤岛"，整合形成"杭州电子科技大学疫情防控指挥驾驶舱"，实时更新在校人数、打卡情况、健康状况、离校请假情况、突发状况等关键信息，实现"一张图"呈现学校疫情防控总体情况，助力教学运行稳定有序。杭电将学生请假管理系统数据共享给校门管控系统，实现请假审核和校园进出数据同步，做到辅导员"一键审核"，学生"刷脸进出"。学生 2 小时离校由辅导员审批，超过 2 小时由学院副书记审批，学生请假生成"计时码"，精准到点，超时消码，有序管控，形成"最短时段"的时区网格管理。通过最小空间网格和最短时区网格，杭电强化了精准智控。

第三章 STARS 学工文化之"团队"

高校辅导员作为高校思想政治教育的骨干力量，处在最前沿阵地，担负着立德树人的根本任务。高校辅导员不仅要数量配足，更要素质高、专业能力强、有战斗力，从而有效达成团队协作甚至是团队攻坚，更好地完成时代赋予的特殊使命。

第一节　团队文化概述

一、学工团队的概念界定

所谓团队，是由基层和管理层人员组成的一个共同体，它合理利用每一个成员的知识和技能协同工作，解决问题，达到共同的目标。从团队的作用上看，它强调各成员相互依赖，在心理上意识到对方的存在，各成员间在行为上相互作用、相互影响，有明显的认同感。从团队的特征来看，它以目标为导向、以协作为基础，团队成员在技术或技能上形成互补，团队活动遵循共同的规范和准则。"团队文化"于20世纪80年代从美国、日本传入中国，起初在国内企业界、理论界备受关注，之后扩展到其他领域。团队文化是指团队成员在长期互相协作、完成任务的过程中所形成的共同价值观、工作方式、道德规范、行为准则的总和。辅导员团队文化是指高校辅导员以团队的形式，以培养大学生成为社会主义建设者与接班人为宗旨，根据实际工作需要和大学生培养需求，创建不同的文化团队，对大学生开展形式多样、主题鲜明的教育活动，从而达到指导大学生全面发展、成长成才的目的。

高校学生工作队伍是指高校从事教育、管理、服务工作的人员，是对大学生进行思想政治教育和管理工作最直接的领导者、组织者和实施者，主要包括在一线直接从事大学生日常思想政治教育工作的人员，如专职辅导员、院系的学工组长、团总支书记、党总支副书记以及其他从事学生工作的人员。2017 年，《普通高等学校辅导员队伍建设规定》（中华人民共和国教育部令第 43 号）（以下简称《规定》）正式实施，强调："辅导员是开展大学生思想政治教育的骨干力量，是高等学校学生日常思想政治教育和管理工作的组织者、实施者、指导者。辅导员应当努力成为学生成长成才的人生导师和健康生活的知心朋友。"同时，明确指出辅导员的工作职责包括 9 个方面：思想理论教育和价值引领、党团和班级建设、学风建设、学生日常事务管理、心理健康教育与咨询工作、网络思想政治教育、校园危机事件应对、职业规划与就业创业指导、理论和实践研究。辅导员制度在我国高校由来已久，经过 50 多年的建设与发展，辅导员队伍逐渐壮大，目前全国普通高校专职辅导员已近 10 万人。辅导员已经成为高校教师队伍的重要组成部分，是高校思想政治工作的骨干力量，他们以团队的方式在高校基层思想政治工作中发挥着巨大的作用，是离大学生最近、对大学生影响非常大的一支队伍。国家重视辅导员队伍建设，明确指出要让辅导员工作有条件、干事有平台、发展有空间、待遇有保障。

二、学工团队的建设目标

《规定》丰富和发展了高校辅导员的工作职责，形成了包括思想理论教育和价值引领、党团和班级建设、学风建设、学生日常事务管理、心理健康教育与咨询工作、网络思想政治教育、校园危机事件应对、职业规划与就业创业指导、理论和实践研究等 9 个方面的工作内容体系，特别强调高校辅导员要在思想理论教育和价值引领方面发挥重要作用。《规定》指出："高等学校要坚持把立德树人作为中心环节，把辅导员队伍建设作为教师队伍和管理队伍建设的重要内容，整体规划、统筹安排，不断提高队伍的专业水平和职业能力，保证辅导员工作有条件、干事有平台、待遇有保障、发展有空间。"这为高校辅导员队伍建设提供了基本原则，具体而言，以实现"有人做""用心做"和"能够做"为目标展开。

（一）"有人做"

"有人做"即关注辅导员队伍的人员配备。《规定》要求："高等学校应当按总体上师生比不低于1：200的比例设置专职辅导员岗位，按照专兼结合、以专为主的原则，足额配备到位。"专职辅导员是指在院（系）专职从事大学生日常思想政治教育工作的人员，包括院（系）党委（党总支）副书记、学工组长、团委（团总支）书记等专职工作人员，具有教师和管理人员双重身份。同时，高等学校可以从优秀专任教师、管理人员、研究生中选聘一定数量的兼职辅导员。青年教师晋升高一级专业技术职务（职称），须担任辅导员或班主任工作经历至少1年并考核合格。高等学校应当鼓励新入职教师以多种形式参与辅导员或班主任工作。

（二）"用心做"

"用心做"即关注辅导员队伍的思想政治觉悟与考评机制。《规定》指出："辅导员工作的要求是：恪守爱国守法、敬业爱生、育人为本、终身学习、为人师表的职业守则；围绕学生、关照学生、服务学生，把握学生成长规律，不断提高学生思想水平、政治觉悟、道德品质、文化素养；引导学生正确认识世界和中国发展大势、正确认识中国特色和国际比较、正确认识时代责任和历史使命、正确认识远大抱负和脚踏实地，成为又红又专、德才兼备、全面发展的中国特色社会主义合格建设者和可靠接班人。"为了切实提升辅导员的思想政治觉悟水平，高校对辅导员实行学校和院（系）双重管理：学生工作部门牵头负责辅导员的培养、培训和考核等工作，同时与院（系）党委（党总支）共同做好辅导员日常管理工作，院（系）党委（党总支）对辅导员进行直接领导和管理。

（三）"能够做"

"能够做"即关注辅导员队伍的能力素质问题与协同机制。《规定》指出："高等学校应当制定专门办法和激励保障机制，落实专职辅导员职务职级'双线'晋升要求，推动辅导员队伍专业化职业化建设。高等学校应当结合实际，按专任教师职务岗位结构比例合理设置专职辅导员的相应教师职务岗位，专职辅导员可按教师职务

（职称）要求评聘思想政治教育学科或其他相关学科的专业技术职务（职称）。专职辅导员专业技术职务（职称）评聘应更加注重考察工作业绩和育人实效，单列计划、单设标准、单独评审。将优秀网络文化成果纳入专职辅导员的科研成果统计、职务（职称）评聘范围。"《规定》还指出："辅导员培训应当纳入高等学校师资队伍和干部队伍培训整体规划。建立国家、省级和高等学校三级辅导员培训体系。教育部设立高等学校辅导员培训和研修基地，开展国家级示范培训。省级教育部门应当根据区域内现有高等学校辅导员规模数量设立辅导员培训专项经费，建立辅导员培训和研修基地，承担所在区域内高等学校辅导员的岗前培训、日常培训和骨干培训。高等学校负责对本校辅导的系统培训，确保每名专职辅导员每年参加不少于16个学时的校级培训，每5年参加1次国家级或省级培训。省级教育部门、高等学校要积极选拔优秀辅导员参加国内国际交流学习和研修深造，创造条件支持辅导员到地方党政机关、企业、基层等挂职锻炼，支持辅导员结合大学生思想政治教育的工作实践和思想政治教育学科的发展开展研究。高等学校要鼓励辅导员在做好工作的基础上攻读相关专业学位，承担思想政治理论课等相关课程的教学工作，为辅导员提升专业水平和科研能力提供条件保障。"

三、学工团队的建设内容

高校学生工作团队建设是在党关于高校辅导员队伍建设的目标要求下，通过发展辅导员队伍在政治、作风、制度、素质方面的水平，不断提高辅导员整体素质、教育和管理学生的能力，确保高校思想政治工作沿着正确的方向前进，完成培养社会主义事业的合格建设者和接班人根本任务的一项重要工作。

（一）政治建设

新时代高校学工团队的政治建设，基本要求是坚守党的政治方向、坚持党的政治领导、夯实党的政治根基，关键内容是强化党的政治纪律和政治规矩、严肃和规范党内政治生活、加强党的价值观和政治文化的建设、增强"四个意识"、涵养党的政治生态。"高校德育能否担负起面向世界和根植本土的双重责任，关键在于能否建设一支实现理论和实践创新的高素质德育工作队伍。这支队伍要有高度的政治责任感和发展马克思主义的神圣历史使命，要有扎实的理论功底，还必须具备改革创新精神和适应复杂形势的实践能力，要能够把理论和实践结合起来，把握变化了的时代，研究发展中的实际，解决实践中的问题。"[①] 因此，高校学工团队必须熟悉马列经典著作，在弄懂、学深上下功夫，坚持运用马克思主义理论指导实践。

（二）作风建设

作风建设是学工团队建设的关键。新时期高校学工团队的作风建设主要是抓好思想作风、学风、工作作风、领导作风和生活作风。要实现高校学工团队作风建设常态化，必须坚持制度建设与思想建设相结合，落实"一个核心"，即以群众路线为核心，围绕服务学生抓落实；要养成"三种意识"，即问题意识、制度意识、法治意识，切实将学生工作实践中遇到的问题和调研形成的问题，以制度、规章等法治思维加以纠正；形成"四个常态"（常态化的思想教育、常态化的制度机制建设、常态化的群众监督、常态化的法治方式），并重点从构建高校学工团队作风建设常态化的制度体系、建立健全作风建设常态化的长效机制、积极发挥思想政治教育在作风建设常态化中的作用这三个方面着力。高校学工团队作风建设必须把思想建设落到实处，必须常补精神之"钙"，筑牢信仰之基；必须着力纠治"四风"明确责任，建立追责问责机制，层层传导压力，攻克作风顽症；必须持之以恒落到实处，建章立制，形成长效机制。

（三）制度建设

制度建设的根本目的是克服工作中出现的随意化、自由化和主观化的弊端，以制度管理人、塑造人和教育人，提高团队成员的工作积极性。面对"Z世代""AA世代"[②] 的大学生，高校学工团队除了要掌握思想政治教育方面的知识，还需要有一定的学习与研究能力，能理解学生中出现的新问题、新情况，掌握新的育人方法，用新的教育理念赢得学生的信任和尊敬。这些都需要制度来保障和激励。高校学工团队建设中，要特别注重学习机制的完善，提升学工队伍的专业化水平和职业素养，力争培养一批专家型的学工人员。

---

① 国际化视野下的高校德育创新发展研究 [M]. 北京：高等教育出版社，2010：223.

② "Z世代"，也称"网生代""互联网世代""二次元世代""数媒土著"，通常指1995—2009年出生的一代人，他们一出生就与网络新时代无缝对接，受数字信息技术、即时通信设备、智能手机产品等影响比较大。"AA世代"，通常指2010年后出生的一代人，他们伴随移动互联网、物联网等技术成长，对5G、云计算、人工智能、元宇宙等新技术与新应用关注度较高。

（四）素质建设

高校思想政治工作的特殊性决定了高校学工团队不仅要具有教师的基本素质，还要具备从事思想政治教育教学以及实践活动所必需的特殊素质，如宽口径知识储备、过硬的政治素质和较高的政治理论水平。这样，在面对个性迥异、情感世界丰富、兴趣广泛的大学生群体时，才能有底气和能力去教育他们，引导大学生树立正确的世界观、人生观和价值观。针对高校思想政治理论课教师提出的"六要"（政治要强、情怀要深、思维要新、视野要广、自律要严、人格要正），同样适用于高校学工团队。为此，高校学工团队应不断提升自身的政治素质、知识素质、道德素质、人文素质、审美素质、心理素质、行政素质和网络素质。

四、学工团队的建设路径

（一）加强顶层设计，激发工作动能

高校学工团队所从事的思想政治工作从根本上说是做人的工作，学生成长成才是教育事业发展的终极目的，关乎中华民族和整个国家的前途与未来。寻找学工团队成长发展的内生动力，要坚持以工作对象为重心，找准思想政治工作的着力点和生长点，密切关注青年学生发展需求，围绕学生、关照学生、服务学生，在帮助学生成长中实现辅导员队伍的发展进步。

高校学生工作应做好顶层设计，整体规划，系统思考，构建"大思政"格局。坚持以习近平新时代中国特色社会主义思想为指导，不断加强党对高校的全面领导，牢牢把握社会主义办学方向，紧紧围绕立德树人根本任务，坚持思想政治工作与提升学校治理能力和治理水平同步，与"双一流"建设同步，与构建"五育并举"人才培养体系同步；实施一体化战略，构建分工明确、决策科学、标准健全、运行顺畅、保障有力、成效显著的思想政治工作体制机制，形成主体广泛激活、力量有效联结、对象全面覆盖、工作全程贯穿、要素深度融入的学生工作体系，推动高校思想政治工作在加强中改进、在创新中发展，培养德智体美劳全面发展的社会主义建设者和接班人。顶层设计应坚持基本原则：一是坚持"一条线贯穿"，将深入学习贯彻习近平新时代中国特色社会主义思想作为深化新时代学校思想政治工作的主线，牢牢把握"思想政治工作是学校各项工作的生命线"的定位，将思想政治工作融入学科体系、教学体系、教材体系和管理体系，将"三全育人"贯穿学校办学治校全过程，营造人人、时时、处处育人的良好氛围。二是坚持"一体化育人"，坚持系统思维，通过系统设计、系统实施、系统保障、系统评价，推进"三全育人"和"十大育人"体系建设，推动"师生两大群体并进"，实现各项育人工作的协同协作、同向同行、互联互通。三是坚持"一公里打通"，激发高校二级学院学生工作改革创新，夯实二级学院党委（党总支）的主体责任，持续激发二级学院学生工作的内生动力，促进学校育人模式的多元化、特色化，形成学校工作有特点、二级学院工作有亮点的生动局面。

着力围绕提升学生工作队伍专业化、职业化水平下功夫，形成思想政治工作队伍建设长效机制，打造一支专职为主、专兼结合、数量充足、素质优良的工作队伍。将学生工作队伍建设纳入学校人才队伍建设总体规划，将教育部"高校思想政治工作中青年骨干队伍建设项目"纳入高层次人才队伍建设。按照不低于全校师生人数的1%配备专职思想政治工作人员和党务工作人员；按照师生比不低于1∶200的比例设置专职辅导员岗位，按照专兼结合、以专职为主的原则，足额配备到位。加强思想政治工作队伍和党务工作队伍的培养培训，举办境内外"思想政治工作骨干研修班"，实施校内"思想政治工作中青年骨干队伍建设项目""网络教育名师培育支持计划"，建设一批思想政治工作名师工作室，支持思想政治工作队伍和党务工作队伍在职攻读博士学位。打通思想政治工作队伍交流发展渠道，启动"思政队伍融合发展计划"，强化专职思想政治工作队伍和党务工作队伍与思政课教师、专业课教师之间的融合交流。持续加强辅导员队伍建设，着力增强辅导员的"脚力、眼力、脑力、笔力"，促进辅导员队伍回归育人主责。加大辅导员工作激励力度，设立"优秀辅导员班主任"等专项奖励项目。加强辅导员系统化培训，组织辅导员开展国内外访学研修，积极参加国家示范培训，积极参与全省、全国高校辅导员素质能力大赛。畅通高校专职辅导员职业发展通道，健全辅导员队伍考核评价体系，制定《高校辅导员工作考核办法》。

（二）克服本领恐慌，提升工作技能

党的十八大以来，习近平总书记多次强调"本领恐慌"的问题，要求党员干部重视学习，也在多个场合对他们进行"劝学"，期望他们不断学习。[①] 在数字化、智能化时代，高校学工队伍只有紧跟时代步伐、对标全新要求、彰显时代精神，在不断创新中增强职业本领、提升学生工作的精准度，才能有力克服本领恐慌。

以思政工作为例，长期以来，高校都有这样的疑问：高校思想政治工作能否像自然科学那样做到高精尖？应运而生的精准思政、智慧思政成为新时代思想政治教育工作创新发展的新样态，成为新时代思想政治教育提质增效的新途径。高校思想政治教育需要提升网络思政教育本领，以精准供给引领社会的网络化发展，凸显具有引领力的网络文化内容的时代价值，以最为契合的新媒体、新技术形式承载精彩的思想政治教育内容，通过供给主体、供给内容、供给方式、供给场域等环节的改革创新，确保精准供给与信息技术革新协同推进。高校学工团队需要切实抓住提质增效的"硬核"问题，以"内容为王"为指导思想，推进思想政治教育精准供给，从而增强思想政治教育的理论性、思想性、亲和力、针对性。

（三）构筑协同机制，强化工作效能

一方面，建立健全高校学生工作机制。例如，《关于进一步加强和改进大学生思想政治教育的意见》《普通高等学校思想政治理论课建设体系创新计划》《关于加强和改进新形势下高校思想政治工作的意见》《关于加快构建高校思想政治工作体系的意见》等文件，为高校学工团队的协同发展提供了政策依据。另一方面，创造鼓励协同的工作条件。每个人的发展都离不开团队的发展，离不开团队中每个成员的发展。高校学工团队成员要增强协同意识，认识到只有协同创新才能实现其个人价值和社会价值。比如，探索实施高校思想政治理论课教师队伍和辅导员队伍融合计划，发挥各自优势，实行思想政治理论课堂教学与学生思想政治工作实践结合的交叉轮岗制度，推进队伍的深度合作。

第二节　团队文化的杭电足迹

杭电现有辅导员 100 多人，其中，学院分管学生工作负责人 18 人，一线专职辅导员 90 名左右，师生比达 1：200。学校还根据需要选拔专任教师、在读研究生兼

---

① 习近平谈治国理政（第 1 卷）[M]. 北京：外文出版社，2014：403.

职担任本科生辅导员。近年来，通过培育典型、提升素质，杭电辅导员在各类评奖评优中成绩喜人，不仅有多人获得全国高校优秀思想政治教育工作者、全国高校辅导员年度人物、全国高校辅导员年度人物提名奖、浙江省优秀教师暨浙江省高校优秀辅导员、浙江省高校"三育人"先进个人等国家级和省级荣誉，而且在全国高校辅导员职业能力大赛决赛、浙江省高校辅导员职业能力大赛中屡创佳绩。在学校内部，已经形成了一批以辅导员工作室为载体，具备"简单、正直、有书卷气"品质的优秀团队。

一、多渠道引进人才，壮大学工团队

学校引进人才的渠道多样，如省统考招聘、到外地直招、校内转岗等。2016 年聘岗之后，面对辅导员严重缺编情况，杭电先后在浙江、北京开展辅导员招聘，最终录取 24 名辅导员，其中不乏来自美国纽约大学、英国利兹大学、北京师范大学等海内外高校的毕业生。同时，为适应新时期高校管理和大学生思想政治教育工作的需要，切实提高学校运行效能和加强辅导员队伍建设，学校决定选聘本校专任教师充实辅导员队伍，并出台《杭州电子科技大学关于专任教师担任辅导员的实施办法（试行）》。从学校在编在岗的专任教师尤其是新教师中，选拔政治素质过硬、热爱学生工作的专任教师担任兼职辅导员。作为专任教师，学校基本工资、绩效工资、奖励等全额享受。另外，学校再为其提供辅导员津贴 3 万元 / 年；其中 2.4 万元为岗位津贴，根据考勤情况，按月发放（由所在学院考勤，1 年按 12 个月发）；另外 0.6 万元为奖励津贴，根据学工部组织的年度考核情况来确定个人额度，年底一次性发放。目前，杭电共有 12 名专任教师担任兼职辅导员。

二、建设班主任队伍，形成思政工作合力

班主任是学校开展大学生思想政治教育和加强学风建设的骨干力量，是学风班风建设的指导者、组织者、实施者，是大学生健康成长的指导者和引路人。2017 年 8 月，杭电出台《杭州电子科技大学班主任管理办法》，明确规定：（1）任职条件。具有研究生学历或硕士以上学位，具备较强的理论素养和管理能力。（2）工作职责。①开展思想政治教育。坚持立德树人，加强学生思想品德教育与关怀，主动深入班级、宿舍和课堂，经常与学生交流，掌握学生思想动态，引导班级

学生树立正确的世界观、人生观、价值观，不断提高学生的思想政治水平和公民素养。②开展专业学习指导。发挥专业特长，针对不同专业、年级学生特点，帮助学生制定学习规划，指导学生养成良好学习习惯，改进学习方法，帮助学习困难学生提升学业水平。积极鼓励班主任担任校院两级学业发展中心指导教师。③开展学风班风建设。指导开展班级党、团组织建设，做好班级学生干部的选拔、培养和管理；开展班级文化建设，提升班级活力，增强班级凝聚力，争创先进班集体；每学期至少召开主题班会两次，每月至少深入学生宿舍一次，并做好相关记录；组织班级建立学习小组、科研小组，鼓励和指导学生积极参加各类学科竞赛；做好学生的职业生涯规划，指导学生养成积极的就业心理，提高学生就业、考研质量。④协助做好学生管理与服务工作。配合校院两级，做好新生始业教育、军事训练、勤工资助等工作；协助做好学生休学、退学、违纪等管理工作；有效化解学生矛盾，协助做好学生突发事件的处置等。（3）聘任与考核。班主任工作实行校院两级管理，学校负责班主任的宏观指导和督查；学院结合实际，根据《杭州电子科技大学班主任管理办法》自行制定班主任工作实施细则，并报学工部备案。据统计，学校目前有255名本科生班主任，部分学院在高年级还聘任了学业导师。

三、联合修订职称评定细则，助力学工团队发展

杭电修订了学生思政系列专业技术职务业绩评定细则，将学生思政系列副教授专业技术职务的申报条件中"任现职以来主持省部级项目1项或厅局级项目2项"修订为："任现职以来主持厅局级及以上项目1项，并同时满足下面一项即可：（1）以第一作者撰写的研究报告被厅级以上政府部门采纳或得到厅级以上主要领导肯定批示；（2）在全国辅导员年度人物评选活动中获入围奖以上奖项；（3）因学生思想政治教育工作实绩突出获厅局级以上荣誉称号；（4）在省级辅导员职业技能大赛中获二等奖以上奖项；（5）具体负责的工作，所带（指导）的班级、社团、学生组织获省教育工委、团省委等以上政府部门表彰；（6）具体负责的工作在全省范围取得重大影响并通过省教育厅网站或专报等形式给予肯定和推广；（7）作为第一指导教师指导学生获省级以上学科竞赛、'挑战杯'大学生竞赛奖项；（8）获得校级以上教学名师、教坛新秀、青年教师讲课比赛十佳、学校十佳教师等荣誉称号；（9）累计3次获得校级以上优秀辅导员荣誉称号；（10）增加主持厅局级项目1项。"将学生思政系列讲师专

业技术职务申报条件中的"任现职以来以第一作者在国内核心以上刊物上发表与本岗位相关的论文2篇，或一级期刊或被索引源、CSSCI收录的期刊论文1篇"修订为："任现职以来以第一作者在国内核心期刊上发表与本岗位相关的论文2篇；或一级期刊或被索引源、CSSCI收录的期刊论文1篇。满足下面一项可代替一级期刊或被索引源、CSSCI收录的期刊论文1篇：（1）获浙江省优秀辅导员荣誉称号；（2）在浙江省辅导员职业能力比赛中获得三等奖以上奖励；（3）在浙江省辅导员博文大赛等网络作品大赛中获得三等奖以上奖励；（4）参与编写与学生工作紧密相关的专著3万字以上；（5）具体负责的工作在省级以上范围取得重大影响并通过省级以上官网或专报等形式给予肯定和推广。满足下面一项可代替国内核心期刊1篇（至多代替1篇）：（1）获学校优秀辅导员、校优秀共产党员或优秀党务工作者等荣誉称号；（2）获学校招生宣传或就业工作先进个人；（3）获学校党建与思政优秀论文三等奖以上；（4）获学校社会实践优秀指导教师；（5）指导学生参加竞赛获得校级以上奖励；（6）获得学校辅导员职业能力竞赛三等奖以上；（7）获学校优秀博文大赛三等奖以上。"基于此，自2017年始，杭电晋升中高级职称的辅导员人数明显增加，且学生工作成效明显提升。

四、实施学工团队导师制，实现岗位快速适应

为进一步完善辅导员培养的长效机制，建设一支高水平、研究型的辅导员队伍，根据《中共中央、国务院关于进一步加强和改进大学生思想政治教育的意见》（中发〔2004〕16号）、《中共浙江省委教育工委、浙江省教育厅关于进一步加强高校辅导员队伍建设的实施意见》（浙教工委〔2010〕8号）等文件精神，杭电出台了《杭州电子科技大学辅导员导师制实施办法（试行）》。

辅导员导师制旨在充分发扬学校思想政治工作"传、帮、带"的优良传统，对新进辅导员进行一对一的指导和帮助，促使新进辅导员学习先进工作方法，积累工作经验，提高工作能力和水平，提升管理育人、服务育人的责任感和使命感。原则上1名辅导员导师（以下简称导师）指导2～3名新进辅导员，培养时间一般为1年，视情况终止或延期。导师对新进辅导员应采取多种形式的培养，包括开展授课、进行交流、召开座谈、指导开展研究、实践活动等。杭电每年对辅导员导师制开展情况进行全面考核总结。导师的考核以过程考核为主，对导师承担的培养工作，学校将给予一定的工作津贴；对工作成绩突出的导师，给予一定的精神与物质奖励。辅导员的考核以结果考核为主。指导期满后，辅导员须填写《杭州电子科技大学新进辅导员导师制考核表》，并对照岗位职责要求，撰写心得体会和工作总结，导师对所指导辅导员的工作实践、业务提高等情况作出评议，并签署评定意见。导师签署意见后，党委学工部将组织专家通过检查培养记录、听取总结汇报、检查职责履行情况等方式进行考核。对于考核不合格者，党委学工部要协同导师分析原因，作出延长指导期限或调整岗位等处理。2017 年 10 月，在学校的集中学习会上，学校为新入职的23 名辅导员配备了职业发展导师，为导师颁发了聘书。

五、打造思政工坊，凝聚学工团队力量

为进一步推进辅导员队伍的职业化、专业化和专家化建设，使辅导员队伍人才形成梯队、骨干形成团队、"带头人"形成核心，杭电开展了辅导员工作室建设工程，并出台《杭州电子科技大学思政工作坊建设办法》。杭电以学生工作实际为基础，以成员集体智慧为依托，针对新形势下大学生思想政治教育面临的热点和难点问题进行专题研究，不断探索大学生思想政治教育工作的新途径、新方法；围绕立德树人的根本任务，针对学校当前学生工作的空白或薄弱环节，贴近大学生思想、学习、工作和生活的实际需求，积极开展富于创造性、具有推广价值和示范意义的实践工作。辅导员工作室负责人既要全面负责工作室的日常运行与业务开展，也要承担起对成员的培养职责。杭电注重在大德育体系框架下，积极引入校内外相关资源，支撑工作室建设，创新开展思政课教师与辅导员两支队伍的优势互补与融合。辅导员工作室的实践和科研成果以新闻报道、论文、专著、讲座、研讨会、报告会、观摩考察等形式，在全校范围内介绍、推广。2016 年以来，杭电在思政工作坊基础上继续创新，推出辅导员工作室建设活动，截至目前已经重新立项 5 个辅导员工作室，重点培育 5 个辅导员工作室，工作室涉及新媒体、智慧学工、学生工作标准化、辅导员能力提升等多个发展方向。教育部思政司专题培训班及省内多所高校来工作室参观交流。

六、开展辅导员企业挂职，推进跨领域学习

为丰富辅导员的工作阅历，开阔辅导员的工作视野，提升辅导员的实践能力，

推进辅导员职业化和专业化发展，同时搭建学校和企业之间互动交流的平台，努力提高人才培养质量和就业创业质量，杭电别出新意，由学工部联合党委组织部、人事处、招生就业处和各学院，主动对接杭州市未来科技城管委会，组织5名辅导员前往浙江核新同花顺网络信息股份有限公司、浙江正元智慧科技股份有限公司等新兴科技公司担任人力资源经理助理，拓宽辅导员工作视野，搭建企业与高校人才对接平台，解决企业招人难、高校学生专业就业能力与实践能力不足的问题。

七、"讲故事"考核，强化入住公寓辅导员管理

为贯彻《中共中央、国务院关于进一步加强和改进大学生思想政治教育的意见》（中发〔2004〕16号）、《中共浙江省委教育工委、浙江省教育厅关于深入开展学校文明寝室建设的通知》（浙教工委〔2012〕17号）精神，落实全国高校思想政治工作会议精神和浙江省委、省政府的有关工作要求，进一步推进大学生思想政治教育进公寓，杭电完善出台《杭州电子科技大学入住公寓辅导员管理办法》，明确辅导员入住公寓的职责、期限、待遇，并制定了详细的考核办法。要求新引进的专职辅导员，原则上须先入住公寓3年，每周入住公寓不少于5天。如已婚，可提出申请减少入住天数，但每周不少于3天，入住满3年后，可申请继续入住。辅导员只有深入学生中，加强公寓学生的思想政治教育与日常行为管理工作，才能把思想政治教育与帮助学生排忧解难结合起来。学校还要求：入住公寓辅导员需每周参加一次工作例会，认真填写《公寓辅导员工作日志》和《学生谈话记录本》；入住公寓辅导员负责人需填写《公寓辅导员每周工作情况表》，并做好月度总结；入住公寓辅导员要坚持理论学习和业务研究，不断提升自身素质，提高管理和服务水平。2017年10月，学校通过"讲故事"的方法开展了2016—2017学年第二学期入住公寓辅导员考核，取得了预期效果。

八、办博文大赛开网络直播，传播正能量

为落实全国和浙江省高校思想政治工作会议精神，提升学校网络思想政治教育实力，展示学校辅导员风采，2017年，杭电举办辅导员优秀博文大赛，评选出了一等奖5名、二等奖10名、三等奖15名，以及组织工作奖2名。参赛作品的要求是：体现立德树人基本导向、社会主义核心价值观培育践行、中华优秀传统文化，促进

高校网络文化繁荣发展；贴近学生生活，阐释师生关心关注的思想理论热点难点问题、讲述大学校园故事、引导学生成长成才、普及网络法律法规、倡导网络文明等。此外，2017 年，在新生未报到之际，学工部邀请具有多年工作经验的老辅导员和新生辅导员一起走进辅导员直播间，通过网络对话的形式解答新生各种疑问，让新生在到校前就能够走近辅导员。该直播活动得到了广大新生及家长的一致好评。

第三节　凝心聚力促发展的杭电经验

2016 年，习近平总书记在全国高校思想政治工作会议上，针对高校思想政治工作队伍建设问题，特别强调"要拓展选拔视野，抓好教育培训，强化实践锻炼，健全激励机制"①。多年来，杭电克服困难，苦练内功，为建成一支高素质、靠得牢、能战斗的学生工作团队积累了诸多有益经验。

一、"四大计划"助力学工团队持续发展

杭电致力于推进学生工作团队专业化和职业化，通过深入实施"强基计划""匠心计划""精业计划""领航计划"，多维发力、持续用力、凝聚合力，加快提升思想政治工作精准供给能力，确保学生工作团队建设取得实效。

（一）推进"强基计划"，优化人才结构布局

杭电通过"引培并举"的方式，优化辅导员团队人才结构布局，构建专兼结合、以专为主、结构合理的专业化辅导员团队。根据各学院专业结构、学生性别比例、工作实际需求等特点，"量身定制"辅导员分配方案。同时，引入关工委、专业教师、各级党政机关、校外学工专家等思想政治工作队伍力量，构建专兼结合的思想政治工作队伍。

（二）推进"匠心计划"，畅通职业发展通道

通过推动辅导员职业化建设，学校不断完善高校专职辅导员职业发展体系，明确了专职辅导员教师与管理人员双重身份，实行辅导员专业技术职务与岗位职级的

---

① 习近平. 把思想政治工作贯穿教育教学全过程 开创我国高等教育事业发展新局面 [N]. 人民日报，2016-12-09.

双线晋升，强化辅导员职业发展的张力和活力。目前，杭电正在完善辅导员考核办法，推进形成较为科学合理的辅导员考核评价体系，不断提升辅导员队伍的整体水平。具体措施有：（1）实施新入职辅导员导师制，帮助尽快适应岗位；（2）联合修订职称评定细则，为辅导员干好工作提供动力；（3）建设辅导员工作室，推进辅导员队伍团队化发展；（4）加强班主任队伍建设，形成思政教育队伍合力。

（三）推进"精业计划"，提升专业能力素养

学校搭建培训研修平台、科研提升平台、学习交流平台，推进辅导员能力培养上水平、提质量。具体措施有：（1）开设辅导员直播间，创新工作新方法。2017年，在新生未报到之际，学工部邀请具有多年工作经验的老辅导员和新生辅导员一起走进辅导员直播间，通过网络对话的形式解答新生各种疑问。（2）举办校级优秀辅导员评比、辅导员职业能力大赛。前期邀请校内外资深学生工作者对参赛辅导员进行专题培训、案例研讨、谈心谈话模拟演练。比赛旨在深入学习贯彻习近平新时代中国特色社会主义思想，全面贯彻落实全国教育大会、全国高校思想政治工作会议和学校思想政治理论课教师座谈会精神，落实《普通高等学校辅导员队伍建设规定》要求，进一步突出群众性、示范性、互动性、差异性、引领性，不断提升辅导员的理论水平、职业能力和专业素养。针对比赛中暴露出的问题与不足，杭电组织有效的学习与培训，进一步提高辅导员队伍的专业技能和综合素质。（3）开展辅导员企业挂职，推进辅导员跨领域交流。学工部联合党委组织部、人事处、招生就业处和各学院，主动对接杭州市未来科技城管委会，组织辅导员前往新兴科技公司担任人力资源经理助理，拓宽辅导员工作视野，搭建企业与高校人才对接平台。

（四）推进"领航计划"，发挥典型示范作用

学校注重对辅导员先进事迹、感人故事、精神风貌、特色工作的传播，激发学工队伍的工作热情，发挥典型示范作用，坚定辅导员的奉献精神。近年来，通过培育典型、提升素质，学校辅导员在各类评奖评优中成绩喜人。

二、杭电辅导员工作室的典型经验

通过集思广益、凝聚合力，杭电走出了一条以团队建设推动个人发展的学工队伍建设道路，为高校学工团队良性发展提供了经验借鉴。

（一）辅导员工作室的建设历程

2014年3月，为进一步加强高校辅导员队伍建设，推动高校辅导员队伍专业化、职业化发展，提升大学生思想政治教育工作质量，教育部印发《高等学校辅导员职业能力标准（暂行）》（以下简称《标准》），聚焦思想政治教育、党团和班级建设、学业指导、日常事务管理、心理健康教育与咨询、网络思想政治教育、危机事件应对、职业规划与就业指导、理论和实践研究九大方面，详细规定了初级、中级和高级辅导员应具备的职业能力。同年5月，杭电认真研读、积极响应《标准》要求，为给辅导员搭建良好的学习交流平台，拓展其专业成长和发展的空间，使其理论水平得到提升、实践能力得到加强，颁布实施《杭州电子科技大学辅导员工作坊实施办法》。2016年12月，为进一步推进学校辅导员队伍的职业化、专业化和专家化建设，使辅导员队伍人才形成梯队、骨干形成团队、"带头人"形成核心，决定开展辅导员工作室建设工程，提出辅导员工作室建设的五大任务目标：（1）开展学术研究。以学校学生工作实际为基础，以成员集体智慧为依托，针对新形势下大学生思想政治教育面临的热点和难点问题进行专题研究，不断探索大学生思想政治教育工作的新途径、新方法。（2）创新工作理念。围绕"立德树人"的根本任务，针对学校当前学生工作的空白或薄弱环节，贴近大学生思想、学习、工作和生活的实际需求，积极开展富于创造性、具有推广价值和示范意义的实践工作。（3）打造优秀团队。辅导员工作室负责人既要全面负责工作室的日常运行与业务开展，同时也要承担起对成员的培养职责。（4）嵌入优势资源。注重在大德育体系框架下，积极引入校内外相关资源，支撑工作室建设，创新思政课教师与辅导员两支队伍的优势互补与融合。（5）推广教育成果。辅导员工作室的实践和科研成果应以新闻报道、论文、专著、讲座、研讨会、报告会、观摩考察等形式，在全校范围内介绍与推广。

（二）辅导员工作室总体概况

自2016年起，杭电每两年进行一次辅导员工作室的申报与验收，现已形成常态化辅导员工作室培育发展机制，涌现出一批优秀工作室。这里选取有代表性的工作室略作介绍。

指南针新媒体工作室：秉持"让学生成为网络文化建设的主人，让网络成为传播核心价值观的高地"的建设理念，建设崇德向上的校园网络文化，在网络空间培育和践行社会主义核心价值观,用清朗的网络文化空间滋养学生心灵成长。

五心坊学工标准化工作室:基于辅导员工作"五心"(爱心、热心、责任心、耐心、细心)的内在要求,立足以生为本的工作理念,从围绕学生、关照学生和服务学生出发,研究分析学生工作标准化的构成原则、组成体系及各组成部分的关系,解决学生工作流程中的突出问题,在实践中加以固化,落实学生工作标准化的有效运行和持续改进。

"智慧学工"辅导员工作室:依托学校电子信息学科专业优势,运用新媒体、新技术,努力在"互联网+思想政治工作"中先行一步、走在前列;打造"三个中心"(网上办事中心、学生数据中心、宣传教育中心),引领"三大价值"(弘扬勤奋学习、弘扬立德树人、弘扬爱党)。

湖畔家园工作室:打造湖畔青年名片,引领校园新风尚;构建第二课堂体系,提升活动影响力;拓宽网络思政渠道,夯实易班新阵地;建设湖畔创客园地,推动青春双创潮;锤炼湖畔良师队伍,培养朝气辅导员团队。

辅导员传习工作室:"传"指传授,"习"指实践;以传养心、重在积累,以写提升、重在交流,以习落实、重在实践;致力于传承师道文化,研究优秀辅导员和优秀导师的特征及其育人方法。

向心力班团集体凝聚力培育工作室:强调和谐班级是和谐校园的基本单元,致力于增强班团集体凝聚力的探索和实践。

向日葵工作室:开展"本领·情怀·品位"星耀外语文化工程的大学生活动体系研究和实践探索,实施"有本领、有情怀、有品位"三大活动平台建设,初步形成一项主体活动(外国语言文化节)、三条主线("本领""情怀""品位"三个主题工作组)、四个模块(竞赛、文艺、服务、实践"四位一体")、十大项目(十个专业教师指导团队分工协作)的研究格局和实践探索。

创客 0.5 工作室:旨在指导大学生创新创业基本课程和大学生创业竞赛;现有 8 位校友企业家和高管担任课外创业导师,且有 10 位校内创新创业教育指导老师;与校外众创空间建立合作关系,为入驻创业项目提供路演平台;已成功申报创新创业类工作室。

（三）典型案例：月牙湾辅导员成长工作室助力辅导员成长

在辅导员工作室中，月牙湾辅导员成长工作室积极为新辅导员入职和辅导员参加职业能力大赛提供有力指导和帮助。该工作室旨在为辅导员搭建一个兼具开放性、学习性、实践性的交流平台，构建辅导员之间共同探索工作方法、共享经验成果、朋辈互助的工作机制，力争成为辅导员学习、成长、发展之家。历经8年探索，逐步形成"六个一"工程，即开辟一个工作场地、建立一份辅导员学习档案、建设一个辅导员网络学习平台、形成一套工作室建设模式、编印一组辅导员学习资料、孵化一批实践成果。（1）开辟一个工作场地。挂牌成立月牙湾辅导员成长工作室。2018年10月24日，浙江经贸职业技术学院"小草"辅导员工作室负责人、财会系党总支副书记一行来杭电调研辅导员工作室建设情况，签署了"友好工作室结对协议"。（2）建立一份辅导员学习档案。建立辅导员学习档案，内含辅导员个人简历、相关培训与学习情况、获奖情况、相关证书与荣誉、岗位变动情况等，实时更新；依托智慧学工系统，载入辅导员网上电子档案。（3）建设一个辅导员网络学习平台。依托"月雅学林"工作网站，加入工作室学习培训资料和视频资料，更新辅导员学习文件、文章和视频学习材料，成立辅导员网上课堂；网站设置自测题库，辅导员自行参加测试。（4）形成一套工作室建设模式。组建工作团队，负责工作室具体工作计划和方案执行，分工合作，形成合力；制订工作室年度工作计划，涵盖辅导员学习培训内容，分若干篇章开展学习培训（理论学习篇、专项能力篇、素质拓展篇、考察研修篇、综合提升篇），采取理论学习、举办沙龙、召开论坛、观看视频、现场模拟、素质拓展、培训考察等方式全面提升辅导员职业能力，拓宽辅导员的工作视野；设立"辅导员学习日"，确定每双周四为"辅导员学习日"，定期开展学习交流；成立导师制和学习小组。（5）编印一组辅导员学习资料。编印《辅导员学习资料汇编》，不定期编印有关思想政治工作重要文件、热点学习文章和时评，形成学习氛围。（6）孵化一批实践成果。连续承办校级辅导员职业能力大赛选拔和培训工作，持续帮助学工队伍在高校辅导员职业技能大赛国家级、省级奖项评比中创获佳绩。

第四章　**STARS 学工文化之"欣赏"**

第一节　欣赏文化概述

教育者用欣赏的眼光看待学生，对学生进行积极的评价和引导，必然引起学生对自身优点和长处的再认识，对自我充满信心，并体现在积极的行为改变中。这种基于欣赏文化的教育，可以称为赏识教育。

一、赏识教育的功能

（一）增强学生的自信心

对学生而言，来自外部的期待和赞许，能激起积极的自我暗示，增强自信心，从而进行新的自我定位。自信是学生相信自己的能力和精力的一种自我意识倾向，表现为一种积极的行为态度。自信心的树立会使学生对行为目标采取积极的态度，同时振奋精神、开发潜能，敢于面对和迎接各种挑战。

（二）激发学生的成就动机

动机是直接推动人去行动，以达成一定目标的内部动力。成就动机是个人对自己认为重要的或有价值的工作，力求去做并尽力做好的心理倾向。成就是相对的，但一个人追求的目标越高，得到发掘的潜力就越大，才能的发展就越快。心理学研究发现，成就动机强的人，大多敢于接受挑战，并能竭尽全力追求成功。

（三）提高学生的抱负水平

抱负水平与成就动机密切联系，但又有差别，抱负水平是个体从事某种实际工作之前，估计自己能达到的成就目标，因这种估计带有主观色彩，所以有自信心的人比没有自信心的人抱负水平要高。反映在行动中，抱负水平高的人更能调动内在的自我完善的积极性，从而在社会实践中不断进步。当学生获得来自他人的赏识时，其内心会产生较大的自我肯定的想象空间，因此会自觉提高抱负水平，确立更高的人生目标。

（四）引导学生体会美好人生

大学四年，学生要面对学习压力、经济压力、感情压力、就业压力等，当各方面压力较大时，消极、悲观、厌世情绪有时会占据上风，部分学生对生活、对未来失去信心，感到生活无味、前途渺茫、人生无意义。高校教师应帮助处于负面情绪状态中的大学生树立正确的世界观、人生观、价值观，引导学生正确认识社会、自我，教育学生将挫折经历转化为人生重要的精神财富，同时要引导学生学会感激、学会欣赏、学会愉悦、学会生活。赏识教育能使学生感受到教师的关爱，提高自信心，克服重重困难，进而相信生活充满阳光。

二、赏识教育的时代价值

赏识教育之所以能在我国迅速兴起，广泛传播，被越来越多的家长和学校接受，关键在于赏识教育是注重生命意识的教育，是爱的教育，是充满人情味、人性化的教育。赏识教育秉持弘扬主体性精神、提倡学生本位、注重生命意识、发展学生个性的价值取向，尊重教育规律和学生身心发展特点，因而符合时代发展的潮流。

（一）赏识教育弘扬主体精神

时代的发展把人的主体性意识觉醒、人的主体能力的发展提到了一个前所未有的高度。顺应时代的发展，赏识教育提倡对学生独立人格和主体地位的尊重，认为每个学生都具有独立人格，都具有发展潜力和发展需求，强调在教育中要尊重学生的人格与意愿，尊重他们的选择和感受。赏识教育不是把学生当做容器来灌输，也不是把学生当做材料来加工，更不是把学生当做工具来驯服，而是把学生看做一个个有鲜明个性的个体，用赏识的眼光发展地看待学生，通过赏识的方法把对学生的尊重和关爱化作具体可感的行为，让学生找到"好学生"和"我能行"的感觉，激励每个学生充满信心地主动发展，高度弘扬学生的主体性地位。

（二）赏识教育尊重生命意识

时代已经进入飞速发展的 21 世纪，当人们在为自己所取得的成就欢呼雀跃的同时，逐渐意识到人类已经走入了一个困境——人已经被悄然地异化了，部分或全部地成了工具理性的牺牲品。对物质的追求和现实社会生存的需要，使人成为单向度的人。人类在理性这把双刃剑下处于十分尴尬的境地。逃离科技的发展而回归原始的本真生命已经变得不可能。教育，无疑成为解决这个困境的关键。然而，在我们的教育现实中，存在着家长和老师的苛责、打骂，学生生命的自信、自然和自尊慢慢被消磨。当自信、自然和自尊都被吞噬之后，生命的灵性之根也就折断。现代教育的误区很多时候在于用完美主义的教条，把学生变成一个并不完美的生命。赏识教育提出了解决上述问题的新思路：教育即是培养良好而自然的生命状态。对于这种良好而自然的生命状态，赏识教育称之为"好感觉"。生命在"好感觉"中提升，才会越走越顺。

（三）赏识教育强调人的平衡与和谐

教育的最高境界，是让人类自身的生命达到和谐与平衡。从柏拉图到卢梭，从蒙台梭利到杜威，从陈鹤琴到陶行知，等等，古今中外，无数的教育家为了人的和谐发展这一目标，不遗余力地进行了大量的探索。然而，随着时代的发展，教育却变得越来越功利化，教育的工具价值取向从来没有像今天这样被越来越多的现代人视为适应社会的必然选择，人的和谐与平衡发展已然随着时代的发展变成了越来越难以企及的梦想。赏识教育理念的提出，让我们看到人的和谐与平衡发展的可能。赏识教育的最终使命和目的，就是唤醒人性的崇高、唤醒生命的品质、唤醒人性的和谐。其不仅是人自身生命的和谐，而且是与大自然的和谐、与周围的生命和谐、与万事万物的和谐。

综上，赏识教育是实施素质教育的一种重要而有效的教育方式。素质教育的最重要的一个特点是面向全体学生强调人人有受良好教育的权利，人人有教养，个个成人，人人成才。赏识教育对于各教育阶段的受教育群体都表现出很强的适用性。相对于个体来说，赏识教育适应于所有受教育者，尤其对"差生"有效。知识技能的学习是一个非常复杂的过程，要提高学习的成效，不仅需要调动学生的注意力、观察力、记忆力、思维力、想象力等智力因素，也需要调动兴趣、情感、意志、性格等非智力因素。赏识教育的秘诀正是通过教师的关心、关注、表扬、赞赏，最大限度地调动受教育者的积极性、主动性和创造性，充分彰显受教育者在教育教学活动中的主体地位。素质教育要求精投入、低消耗、高效益、优产出，多出人才、出好人才。赏识教育所要求的投入主要是教师的情感，是教师对学生的爱心，要求教师用赏识激发学生的积极性、主动性和创造性。

第二节 欣赏文化的杭电足迹

一、促进大学生综合素质提升

（一）强化价值引领，落实"三个结合"，做好学风质量提升工程

1. 主阵地与主渠道相结合

建设第一课堂"主阵地"，深入落实核心价值观教育"进教材、进课堂、进头脑"，提高课程思政教学效果。出台《杭州电子科技大学关于加强和改进本科生学风建设的实施意见》等一系列相关文件，组建学风建设督查队。夯实第二课堂主渠道，衔接和打通两个课堂，做好大学生劳动教育和美育教育工作。通过"杭电学生"微信公众号，开展"高等数学期末复习谈"等学习指导直播活动，详细解答学生问题。学院以"学风建设"为主题开展班团活动，设置"党员学习先锋岗"，推行"班级公约"等学风建设活动。

2. 主平台与主空间相结合

夯实校园活动主平台，以"青春杭电文化行动计划"系列教育活动为载体，做亮

学风质量提升工程品牌文化节活动，营造浓厚的校园学习文化氛围。对标教育部第五轮学科评估要求，在关键指标上做实做亮。对标一流大学文化，重点培育"涵养家国情怀，标注成长坐标"的国防文化建设项目，连续成功申报教育部思想政治教育工作精品项目。实施校领导和中层干部"益师e友"工作计划。领导干部走访学生寝室，与学生进行座谈交流、个别指导并参与学生活动，了解学生思想动态，营造关爱学生、关心成长的育人氛围。夯实网络教育主空间，丰富易班网络平台的文化供给和网络活动策划，建设精准思政大数据一体化平台，构建以数据采集、数据处理、数据分析与应用服务为一体的"四精型"（精准教育、精细管理、精准服务、精准评价）网络育人模式。培育学生网络文化工作室，通过易班平台开展学生微电影、微视频、微课堂、微图片和微文案等文创作品评选和展示，充分发挥网络空间的文化育人作用。

3. 榜样引领与组织辐射相结合

发挥梦想和榜样的力量，营造浓厚的学习氛围。杭电精心组织先进典型事迹宣讲系列活动，每年组织国家奖学金获得者优秀事迹宣讲会，组织校十佳大学生评比和学校先进班集体评比，组建"E路同行优秀大学生宣讲团"深入学生宿舍、新生训练营、青山湖校区开展宣讲，做好国旗护卫队、先锋总队、先锋训练营等先进学生组织的培育与提质工作。杭电坚持以学生为本，注重发挥青年榜样以点带面的示范效应，用优秀文化浸润新时代青年大学生，促进教书育人与实践育人相融合，引领学生积极参与、主动融入。

（二）打造精品工程，拓展"三个阵地"，做亮协同育人项目

1. 拓展德育生活化工作阵地

杭电推进试点"守正书院"建设，打造集廊道文化、师生文化休闲空间、学术文化空间和休闲研习等多功能于一体的主题空间，深化学校"三全育人"体系建设，整合育人资源，推进思政工作生活化，做优文化服务、做强生态创新。推进"寓见美好"公寓文化节内涵建设，以讲好杭电公寓故事、展现"美丽、美德、美满"的公寓美好生活，构建"一见倾心、深入人心、别具匠心、贵在知心"的公寓生活体验。引导公寓文化活动注重寓教于乐，内容渗透教育性，形式突出趣味性，使学生主动参加，达到以文化人、以文育人的目的。

2. 拓展典礼文化工作阵地

杭电把握学生的认知规律和成长规律，大力推进理想信念、爱国主义、思想道德、审美情趣、艺术素质和劳动素养教育等；利用开学典礼、始业教育、毕业典礼、新生军训、大学生应征入伍、文明离校教育等关键教育节点，创新教育的内容和形式，促进爱的情感与思想政治教育的融合和融通。

3. 拓展"青春杭电"精品项目阵地

杭电通过实施"青春杭电"文化行动计划，将校园精品活动的开展和青年榜样的选树有机整合，以精品奉献师生，用明德引领风尚，整合学校文化资源，凝练特色优势，构筑文化育人高地，打造信息特色鲜明的"青春杭电"文化品牌。

"青春杭电"文化行动计划以立德树人为根本、以十个文化节为载体、以百名优秀大学生评选为支撑、以千名学生骨干培养为抓手，努力做到万名学子受益，简称"一十百千万"工程。"青春杭电"文化行动计划整合校园文化活动，凸显学校电子信息办学特色，强调校园文化融合，突出网络阵地建设，拓展新媒体思政教育新途径，注重思想引领融入、活动载体创新及活动内容丰富，打造具有鲜明的特色性、稳定的持续性、良好的实效性、较强的示范性的文化品牌。

"一十百千万"工程

"一"是实施一个文化行动计划。以"青春杭电"文化行动计划统领校园文化活动，系统构建一个"青春杭电"文化体系，推进"e杭电"校园文化品牌建设。

"十"是打造十个文化节。

一是学生文化节。围绕"青春、快乐、成长、梦想"的主题展开，包括新生季、毕业季、十佳歌手、"一二·九"大合唱、元旦游园等活动，形式多样、载体丰富，着力展示杭电学生的青春风采，凸显杭电特色、杭电风格、杭电气派。

二是研究生科技文化节。通过举办影响力大的科研成果博览会、开办覆盖面广的研究生学术论坛、开展扎实的学风建设工程、走进高新技术企业和科研机构，引导有为青年投身于科学研究，着力培养研究生的创新精神和实践能力。

三是公寓文化节。通过举办公寓文化节和文明寝室建设月系列活动，创建公寓思政新模式，系统梳理公寓管理规章制度，建立辅导员进公寓的多功能工作站，落实专业教师进公寓和中层干部"e家人"联系寝室方案，提升公寓思想政治教育育人实效，营造有活力的公寓文化氛围。

四是科创竞赛文化节。通过举办各具特色的科创竞赛，展现杭电信息特色办学优势，扩大学生参与覆盖面，培养学生动手实践能力，培育学生创新创业精神，努力打造杭电最强科创竞赛平台，为学校"双一流"建设营造科创育人氛围。

五是问鼎讲坛文化节。邀请各学科的国内外知名专家、学者，百花齐放、百家争鸣，打造最具青春活力、最有人文魅力、最能提升学生品位的杭电问鼎讲坛。目标是传承杭电精神，传播先进技术文化，增强学科在学生中的吸引力和凝聚力，服务杭电高原高峰学科，让追听讲座在校园蔚然成风。

六是星空读书文化节。通过举办星空读书文化节和通识教育文化大讲堂系列活动，开展杭电最美读者评选、《朗读者》、中外经典名著选读、月牙湾诗歌朗读比赛、外文歌曲大赛等活动，形成杭电学生读书大数据，让读书好深入人心、读好书人人向往、好读书大行其道。

七是清廉修身文化节。通过实施学生敬廉工程，将廉政教育融入思政理论课、综合素养课和专业教育课，在"第二课堂"中推进廉政教育，做好诚信实践教育和科学道德教育，开展研究生学术规范、毕业生职业道德、新生校史校训等主题教育，在校园内营造浓郁的清廉文化氛围。

八是职通未来文化节。通过开展大学生职业规划大赛、简历面试大赛和职场相亲会，举办一系列线上线下招聘会，依托易班打造云就业平台，联合国内外知名IT企业构建校企合作育人新模式，进一步探索学校生涯教育和职场文化教育的多元路径，有力支撑学生的学涯生涯规划和就业创业的竞争力提升。

九是易班网络文化节。以易班为载体，对标"最多跑一次"改革，推进易班平台的学生事务办理五大模块建设，培育学生网络文化工作室，加强网络原创文化建设。打造网上学生社区，构建第二课堂成绩单，开发网上社团招新管理和服务模块、团学活动室预约和社会实践指挥系统，建设学生社团易班特色小镇。

十是卓越领导力文化节。以"国家大事，千万尽力"的担当精神为统领，构建"学习—决策—组织—感召"四维并重的领导力培养模型，形成由"社团—实践—展演"常规任务、"论坛—基地—研讨"体验任务、"课程—项目—实训"提升任务组成的"领导力三阶"培养计划，在新工科模式下培养适应数字经济发展、兼具跨界思维和创新精神的卓越人才。

"百"是推选百名优秀大学生。以十佳大学生评选为核心，选树德智体美劳各方面榜样，评选十佳守正之星、十佳学业之星、十佳科技之星、十佳创业之星、十佳自强之星、十佳文艺之星、十佳运动之星、十佳公益之星、十佳社团之星等百名优秀大学生。

"千"是培养千名大学生骨干。培养优秀学生干部、青年马克思主义者等学生骨干不少于1000人。

"万"是引领万名大学生。用一流大学文化引领万名大学生成长成才，全面提升学校软实力。

（三）关心大学生生活，关爱大学生成长

1. 增强资助工作的育人功能，构建发展型资助体系

第一，聚焦精准资助，实现对象精准、需求精准和效能精准。学校构建以提高贫困学生素质和能力为主体的发展型资助体系，形成"奖、助、贷、勤"多位一体的资助模式。一是对象精准。学校以卓越学院、新疆西藏籍少数民族学生群体为试点，从2012年开始实施。通过对学生的家庭经济状况、思想品德、学习科研能力、自我发展的心理诉求等多方面进行综合考评，每年选拔20名具有潜质的学生作为"卓越人才资助"项目的资助培养对象。二是需求精准。项目从学生的个体实际出发，通过问卷调查、访谈等途径了解每位学生的发展实际需求，制定个性化资助方案。三是效能精准。经过四年的培养，项目学生申请入党、参加活动积极性高，专业学习兴

趣浓厚。

第二，选拔本科生助教，提升学生专业能力。杭电为发挥优秀本科生对教学的辅助作用，从 2013 年开始在全校公共基础课、学科基础课中先行试点本科生助教项目，选拔部分优秀本科生担任课程助教，协助主讲教师完成批改作业、课外答疑、组织课堂讨论、指导实验等工作。该项目深受学生好评，既减轻了教师的事务性工作负担，又锻炼了学生的专业能力、组织协调能力和思考能力。

第三，公开评选国家奖学金、十佳勤工助学之星，培育典型，榜样引领。杭电于 2008 年率先实行国家奖学金公选机制，申请人以演讲的形式在大会上介绍个人事迹，由教师、学生评委团投票，差额评选出国家奖学金获得者。经过多年的探索，杭电国家奖学金公开评选机制受到广大师生的一致认可，评定过程不仅彰显了公平、公正、公开的理念，还让参评学生在展示自己中得到锻炼，更让学生观众看到榜样示范，受益匪浅。

2. 关注学生全面成长，输血造血促发展

杭电积极探索构建以提高经济困难学生素质和能力为主体的发展型资助体系，在促进学生成长成才的特色项目上下大功夫。相关举措有：培训"阳光体育裁判员"，提升学生素质，注重学生全面发展；开展"招生宣传寒假社会实践活动"，感恩母校；关爱少数民族经济困难学生。

3. 依托易班搭建平台，数据驱动推进信息化智慧资助

2017 年 11 月，浙江省易班发展中心落户杭电，学校抓住契机，基于易班平台打造一站式学生事务大厅，涵盖了入校前的迎新业务及在校期间的个人信息管理、资助申请等各项学生事务。2018 年，杭电在原有学生资助系统（PC 版）的基础上，开发了易班上的学生资助系统（手机版），让学生随时随地都能通过手机完成各类资助的申请，查看进度，极大方便了学生，真正做到了学生资助工作从"最多跑一次"到"一次不用跑"。接下来，学校资助中心将进一步做强"信息化智慧资助"，将学生各类信息作数据关联分析，绘制出学生"行为轨迹"，提供学生"数字画像"，推动精准管理、精准资助、精准育人、精准服务内涵式发展，实现资助育人从"喷灌式"向"滴灌式"转变，提升资助育人的实效。

二、促进大学生成长成才

（一）聚焦思想引领，厚植家国情怀

1. 以"青年大学习"为主抓手，筑牢理想信念

组织青年团员参与"青年大学习"网上主题团课，累计参与 130 万余人次；紧扣学习贯彻习近平新时代中国特色社会主义思想和党的十九大和十九届历次全会精神，结合"四史"学习教育，组织 2 万名以上的团员青年参与"红船杯"党团知识竞赛、"卡尔·马克思杯"理论知识竞赛。组织团干部讲团课，举办思政微课大赛，在快手平台开设"赫姐时间"等思政宣讲阵地，培育了李赫、范江涛等为代表的团中央、浙江省青年讲师团成员，引领青年学生听党话、跟党走。

2. 以"主题教育活动"为主载体，坚定"四个自信"

围绕五四运动 100 周年、新中国成立 70 周年、红军长征胜利 80 周年、建党 100 周年，组织团支部开展主题教育实践活动；挖掘抗战胜利日、"一二·九"等重大纪念日和新冠肺炎疫情抗击中的爱国主义教育资源，先后开展以"不热血，无青春"五四嘉年华、"我和我的祖国"主题团日活动、"齐心战疫 青春担当"主题云团课、"民族魂 中国梦"合唱比赛、"亚岁之约"冬至游园等系列活动，以青年学生喜爱的方式书写"青春志""爱国情"。

3. 以"青春杭电全 IP"为主阵地，弘扬社会主义核心价值观

为落实新时代共青团宣传思想文化工作精神，杭电在微博、哔哩哔哩、抖音、快手、喜马拉雅等青年学生聚集的网络空间设立官方平台，规范建设新媒体矩阵，做强正面宣传。安吉余村小火车上"绿水青山就是金山银山"的思政现场课，"18 米油画长城"平板投影，15 秒"光盘行动"原创短视频在互联网迅速传播。依托数字媒体技术，开展美育文化节，培育原创文艺作品。2020 年，杭电有 6 件作品获浙江省大学生艺术节一等奖，抗"疫"原创歌曲《我看见》等 13 件作品登上学习强国平台，全网总流量超过 5000 万人次。

（二）聚焦青春建功，服务成长成才

1. 在社会实践中站稳人民立场

2016年以来，27174名师生组建3027支团队践行"国家大事 千万尽力"的遗训，参与寒暑假期社会实践，围绕乡村振兴、脱贫攻坚等开展实践活动，在全国建立基地54个，获评全国百强团队（1支）、全国优秀个人（1名）。贵州"黔行"支教团坚持服务11年，见证脱贫攻坚的宏伟历程；安吉余村"乡村振兴突击队"收到省委原书记车俊回信；2006年以来，400名毕业生参与志愿服务西部和省内欠发达地区计划，使个人奋斗与国家发展同频共振。

2005年以来，杭电连续12年获得"浙江省大学生志愿服务我国西部计划和我省欠发达地区计划优秀组织工作奖"荣誉称号，多次获得全国"大学生志愿服务西部计划优秀项目办"称号，73名同学荣获浙江省西部计划优秀志愿者称号。

杭电每年有数百名学生报名入伍。2017年，网上报名人数达535名，入伍学生23名，在学校30余名退伍学生中，很多都在部队立过功、受过奖。

2. 在创新创业中提升专业能力

作为发起高校，杭电以"挑战杯"系列竞赛为龙头，构建创新创业教育体系。杭电在2015—2019年全国普通高校学科竞赛本科组排行榜中位列第14名，地方本科院校学科竞赛排行榜中位列第1名。2016年以来，10800余名师生1493支团队参与"挑战杯"系列竞赛，获国赛奖项20余项，其中金奖2项。组建青年突击队，动员青年团员科研抗"疫"，研发口罩新材料，助力解决口罩原材料质量难题；参与研制消杀机器人助力武汉方舱医院；大数据预测春茶最佳采摘期，赋能复工复产。杭电学子勇立数字经济潮头，2019—2021年，杭州市创业企业"独角兽""准独角兽"排行榜中，学校校友创立或作为合伙人的近20家，占入围企业的10%左右。

3. 在志愿服务中展现综合素养

全面推行团员注册志愿者制度，注册志愿者39426人，居省属高校之首。自2016年以来，陆续为世界互联网大会、中非民营经济论坛、金砖国家部长会议等30项大型赛会提供服务。获评首届联合国世界地理信息大会组织工作突出贡献集体、第14届FINA世界游泳锦标赛志愿服务先进集体、G20杭州峰会志愿服务工作突出贡献集体、中国国际茶叶博览会、国际动漫节志愿服务优秀集体。获浙江省青年志愿服务项目大赛铜奖 2 项；建立志愿服务基地 64 个，运营志愿服务项目 1786 个，志愿者累计信用时长 225871.1 小时，累计参与活动 53983 人次。

杭电学生积极参与各类社会服务。成立于 2009 年的雷锋兵站，组织各类社会服务活动 600 余次，服务三类困难学生 1200 余人次，活动参与人数近万人；材料与环境工程学院创建"绿色青年"学生德育工作平台，积极参与"五水共治"等环保行动，与浙江在线联合建立的环保小卫士环境教育基地，获得浙江省环保厅颁发的"环境教育特别贡献奖"；通信工程学院以"创行"为代表的公益性社团，成立以来一直致力于以商业的方式运作公益项目，授人以渔，其中"盲盲仁海"项目，致力于通过互联网改善视障者生活，先后得到浙江省残疾人联合会、阿里巴巴无障碍小组、腾讯公益等组织机构的认可及资金技术支持，并受到人民日报、腾讯网、浙江省电视台等多家主流媒体的报道，斩获 50 多项荣誉；杭电青协坚持创新"志愿＋"模式，将志愿服务与互助互扶、环保、创业、专业等相融合，先后获得全国高校优秀学生社团标兵（全省社团组织最高荣誉）、杭州市"春泥计划"社会实践先进集体、浙江省优秀志愿者服务集体、浙江省社会实践示范基地、浙江省优秀暑期实践团队、世界互联网大会（乌镇峰会）志愿服务先进集体、全国大学生艺术展演优秀志愿服务集体、2017 年阿克苏诺贝尔中国大学生社会公益奖铜奖等百余个荣誉。

（三）聚焦数字赋能，聚力人才输送

1. 不断吸引优质生源聚集

杭电坚持"公平、公正、公开"的招生原则，成立本科招生领导工作小组，形成《杭州电子科技大学普通本科招生章程》《杭州电子科技大学"三位一体"综合评价招生章程》《杭州电子科技大学专升本招生简章》《学校简介及港澳台招生专业目录》等招生章程。学校建立和完善招生信息公开机制，加强招生信息管理与服务平台建设，严格落实招生信息"十公开"，确保招生政策、招生资格、招生章程、招生计划、考生资格、录取程序、录取结果、咨询及申诉渠道、重大事件违规处理结果、录取新生复查结果等信息全公开。录取管理规范有序，借助互联网平台，优化招生办法，改进录取操作程序，实行远程网上录取，提高工作效能，进一步完善和规范"三位一体"自主招生制度。

杭电紧抓国家"互联网＋"、创新创业和信息经济大发展的契机，以特色类入围浙江省首批重点建设高校，并充分发挥电子信息优势和财会经管特色，吸引广大优质生源报考。截至2022年8月，杭电在31个省（市、区）及港澳台地区均有招生计划，在浙江、上海、山东、天津、海南、北京、河北、辽宁、江苏、福建、湖北、湖南、广东、重庆等14个省（市）按新高考录取政策实施新高考招生工作，其他非新高考省份均为第一批招生。杭电在80%的招生省（市、区）投档线超过当地批次线70分以上，在浙江、黑龙江、辽宁、福建、陕西等16个省（市、区）的理科（含物理等选考科目类）招生专业首轮投档最低分位居省属同类高校第一。2022年，在浙江省普通类录取成绩再创新高，在普通类第一段平行志愿的投档中，学校投档分数线为607分，名列省属同类高校第一。

2. 逐年提升就业质量

近年来，面对复杂严峻的就业形势和疫情防控的要求，杭电认真研判、立足特色、精心谋划，以"立德树人"为导向，加强学生的价值观引导和使命教育，把学生的个人理想和国家利益结合在一起；以"人才培养"为导向，围绕提升就业满意度和健全健全人才培养体系，全面提升毕业生就业质量；以"就业规律"为导向，不断完善就业工作体系和队伍建设，推进全程化、个性化的就业指导服务体系建设。

杭电贯彻落实党中央"稳就业""保就业"的决策部署，开展基于校企联动、课程共建、就业育人的学校人才培养质量提升工程，组织实施就业"双百计划"行动方案，走访用人单位，邀请企业HR讲就业课程，举办杭电大学生职业生涯体验周就业指导大型活动，完成学校人才培养质量反馈专题调研报告，加快学校人才培养模式转型升级。

2019—2021年，杭电本科毕业生中77%以上选择留在浙江省。在浙江省就业的毕业生中，超过73%在杭州市工作。杭电连续10年成为杭州高新区人才输送第一大户。

2019—2021年，杭电本科生就业率稳定在95%以上，就业质量高，升学率逐年提升。浙江省教育评估院报告显示，杭电毕业生平均月薪稳居浙江省综合类高校第一，近几年增长明显，与浙江省毕业生薪酬平均值差距逐年拉大。

杭电每年有近50%的毕业生在IT领域就业。一批校友成为华为、阿里巴巴等企业的技术骨干，涌现出了"快递分拣机器人"朱建强等一批创业之星，学校成为浙江高素质 IT 人才培养高地，获全国高校毕业生就业工作先进集体、全国毕业生就业典型经验高校等荣誉。

第三节　学生赏识教育的杭电经验

杭电学生工作团队秉持赏识教育理念，关注学生个性化发展，致力于搭建各式各样的平台，鼓励学生参与社会实践、志愿服务、特色社团等，培养出一大批优秀学生典型和先进集体。他们中有抗击疫情勇于担当的退役大学生士兵，有劈波斩浪攀高峰的国家级运动员，有精益求精、学海中以苦作舟的追梦人，有醉心科研、勇于不断探索尝试、用热血浇筑科技成果的筑梦者……正如一幅巨大的马赛克笔画由千万个小格镶嵌排列而成，一个个既平凡又不凡的优秀学子，汇成了一道独特风景线，引领笃学、力行、守正、求新的杭电校园新风尚。

精进不休，让优秀成为一种习惯

——刘逸喆的拼搏故事

刘逸喆曾是学习落后的体育生，但他敢于挑战，凭借着惊人的毅力刻苦学习，成功考入杭电，逆袭成专业学霸。大学期间平均学分绩点稳居专业第一，累计获 6 次校一等优秀学生奖学金，曾获全国百名国家奖学金获得者学生代表（2020）、国家奖学金（2020，浙江省特别评审推荐资格）、国家奖学金（2019）、浙江省政府奖学金（2018）、浙江省优秀毕业生、校三好学生等荣誉。他勇攀科研高峰，获得国家级竞赛奖项 5 项、省级竞赛奖项 3 项，其中 2018 年获得全国大学生机械创新设计大赛一等奖、全国慧鱼工程技术创新大赛一等奖，2019 年获得中国"互联网 +"大学生创新创业大赛铜奖，2020 年获得中国国际"互联网 +"大学生创新创业大赛银奖。在校共参与国家级、省级、校级科研项目 4 项，申报发明专利 6 项、授权实用新型专利 1 项。他是多面手，不断追求卓越。作为学校慧鱼社社长，组织接待国外交流访学的学生，开办暑假公益兴趣班，热心科普，投身志愿实践活动。他在大学期间成就了更好的自己，曾获得浙江省优秀本科生公派留学资格，目前被保送至西北工业大学攻读硕士研究生，立志为"中国智造"贡献青年力量。

勤能补拙，从体育生逆袭成学霸

高一时，他还是一名训练游泳 11 年的体育生，9 门功课只能考 500 分，诚然，他可以凭借体育进入"985"院校，但是为了能有更广阔的选择空间，哪怕冒着考不上大学的风险，他也坚定地选择了放弃游泳，用两年时间迎战高考。两年里，他几乎每天都是蒙着被子学习到晚上十一二点，早上五点起床继续学习。两年后，他超过自主招生分数线近 70 分，来到杭州电子科技大学。初入大学的他，显然比身边的同学学习更加吃力，但老师的鼓励让他没有放弃，他每天起早贪黑复习、预习、背单词、听听力、自学专业软件。功夫不负有心人，他的专业平均分达到 91.58 分，6 个学期均综合排名第一，获得一等奖学金 6 次，绩点位列专业第一。在 2019 年 10 月获得浙江省优秀本科生公派留学资格。

奋力拼搏，在科技竞赛中发扬科学与体育精神

大一时，他把时间全部放在慧鱼社，向学长学姐虚心请教。大一下学期，他作为队长参加比赛。半个学期里，他见证了一次又一次凌晨 4 点的杭电。在带领团队攻克若干难题后，成功获得 2018 年全国慧鱼工程技术创新大赛一等奖，并以小组第一名入围决赛，最终获得 2018 年全国大学生机械创新设计大赛一等奖。大三时，他作为队长参加"互联网＋"竞赛，虽然是创新创业竞赛的小白，但他努力学习，带领队员挖掘项目亮点，最终成功夺得全国铜奖；在大四，他再次带队参加该比赛，决赛时仅一名之差无缘金奖，斩获银奖。他作为核心成员申报了国家级大学生创新创业训练项目 2 项，浙江省"新苗人才计划" 1 项，主持校级大学生创新创业训练项目 1 项并以优秀成绩结题。

追梦前行，投身中国智造显青年担当

他深知，只有坚持不懈地朝着目标努力，才能够做出成绩。2020 年，他顺利通过保研（仅有 1% 的保研率），在激烈的保研竞争中，他如愿获得了院士等导师的名额，最终，他选择了在 VR 辅助制造有着业内领先实力的西北工业大学，研究方向为基于 VR/AR 的信息物理融合制造技术，他时刻谨记习近平总书记对青年大学生的殷殷期待，立志为中国工业 4.0 贡献力量！他希望通过自己的努力，促进中国的制造业升级，让国家变得越来越强大！

顽强不屈，与命运抗争求广阔人生

——邵镇炜的坚强故事

邵镇炜说，大学四年是影响一生的重要岁月。在这段岁月里，他完善了自己的思想和认识，在和自己的命运的斗争过程中收获了丰富的经验；在这段岁月里，他习得了将使用一生的理论知识和科学技术，这些知识和技能将让他走向更大的舞台；在这段岁月里，他认识了更多的良师益友，获得许多关心与帮助，成为他未来岁月里的宝贵财富。

独上高楼，望尽天涯路

邵镇炜身患残疾，肌肉无力，无法行走，无生活自理能力。2017 年，以在同年级浙江省高考最高分的成绩考入杭州电子科技大学计算机学院。对于他来说，能够上大学，并且完成大学的学习生活，已称得上是奇迹或是壮举。至少在他的前二十年，生活中多的是"将来恐上不了大学"的消极声音。但是他坚持下来了并做到了！

大学的学习生活不似初高中，坐于教室一隅就可度过一天的学习生活，而是需要经常地换教室、换教学楼，这对坐轮椅的他来说是很大的困难。为了方便他出入宿舍和教室、上下教学楼，学院学工团队和他的辅导员组织了学生志愿团队。志愿团队里的同学轮流负责送他上下课，抬着轮椅上的他上楼、下楼，四年如一日。不论风吹日晒，大学里的每一堂课他均能按时到场。他们从最初的陌生，到渐渐熟悉，并结下了深厚的友谊。他非常感谢这个团队，也十分庆幸能遇到这样一群可爱的同学。在学校师友的支持下，他更加积极地去拥抱知识，更加积极地参与到大学的种种科研与竞赛活动中。

衣带渐宽终不悔，为伊消得人憔悴

随着专业知识学习的深入，他越发爱上了自己的专业，惊叹于前人充满洞察力与创造力的设计与发明，并深刻感受到计算机科学和技术中所蕴藏的改造世界的巨大力量。他的专业课成绩一直名列前茅，6次获得校一等奖学金。在多种契机之下，他接触了人工智能相关的技术。而后在自学和创新实践课的学习过程中，渐渐掌握了许多深度学习的基础知识和技术。在课题和实验室中学到的人工智能相关的技术，为他参与各类创新类比赛打下了扎实的基础。他参与了第11届中国服务外包大赛，由他作为技术主导的团队利用深度学习技术，解决金融领域的文本处理需求，团队在该比赛中获得了国家二等奖。利用深度学习知识和技术，他还参与了2项发明专利的撰写，主持了1项浙江省新苗计划创新项目。

众里寻他千百度，蓦然回首，那人却在，灯火阑珊处

经过不懈的努力和持续的奋斗，他的大学时光收获了丰硕的果实，不仅是思想上的，还有知识技术上的，包括科研竞赛上的诸多成果。他的努力也得到了认可，先后获得了省政府奖学金和国家奖学金，并被评为2017级浙江省优秀毕业生。

赠人玫瑰，心之所向，行以致远

——张致远的奉献故事

有人说，大学就是人生的一段旅途。对张致远来说，在杭州电子科技大学的四年，他一直在逐梦路上。他夯实基础，精益求精；学以致用，乐于奉献；热爱科研，潜心学术；面对挫折，勇往直前。他是学生讲师，是竞赛达人，是科研先锋。大学四年，他收获颇丰，不断朝着梦想迈进。

执着学业，乐于奉献

张致远在专业学习上一丝不苟，精益求精。习近平总书记曾在科学家座谈会上明确提出，要"加强基础学科本科生培养"。他深受鼓舞，作为数学专业的一名本科生，他一直以高标准要求自己。大学四年，核心专业课都取得95分以上的优异成绩，专业排名第一，获得2次省政府奖学金，5次校一等奖学金，1次校二等奖学金，并获得了2020年度国家奖学金。

赠人玫瑰，手留余香

大学期间，由于专业课成绩突出，他通过选拔，进入学院学知讲师团，主讲数学分析、高等代数等重要专业课。此外，他还坚持对学业困难生进行一对一辅导。在他的帮扶下，曾经拿到两次退学警告的同学，数学分析课从之前的10分提升到期末的67分。6个学期以来，他在学院上课时长超过100小时，辅导近200人次。2020年3月，受疫情影响，"停课不停学"，他在学校快手平台开设"致远高数讲堂"，为全校同学辅导高数课程。线上直播10余次，累计观看人数500余人。学弟学妹的肯定，让他体会到作为一个数学人的自豪。

纸上得来终觉浅，绝知此事要躬行

他致力于将数学理论应用于实践，投身于学科竞赛，曾获全国大学生数学建模竞赛二等奖、"泰迪杯"全国数据挖掘挑战赛二等奖、全国大学数学竞赛（浙江赛区）一等奖、浙江省"同花顺"杯证券投资竞赛（量化组）三等奖等竞赛奖项。

热情工作，赋能人生

除了投入于学习、竞赛和科研，他还积极参与学生工作与社会活动。他曾组织并参与元旦游园、"一二·九"大合唱、理学院迎新晚会等活动。此外，他还参加过学校组织的彩虹跑、物理创新竞赛志愿者活动、九堡社区志愿者活动、优秀学生赴日交流团等活动。他的未来看似一片坦途。然而，正当他踌躇满志准备在学术上一展宏图的时候，却被确诊患上一种罕见的系统免疫疾病，终身伴随，无法根治，需要昂贵的生物制剂维持治疗。这对他来说，无疑是晴天霹雳。为了减轻经济负担，他决定充分利用硕士前的这段时间调整自我，开始投递实习简历。短短三天时间，他就拿到名企算法工程师、量化策略研究员等实习岗位。最后，他选择就职于荷清柔电电子技术有限公司，研究胎儿／母体心率记录仪。他十分享受实习阶段的工作，也慢慢走出阴霾，重启人生。他说，正是在杭电的四年，让他积蓄了足够的勇气，他不仅学习了知识和能力，更加学会了勇敢，在生活中的大风大浪面前，能够擦干泪水，坦然面对一切困难，继续前行！

为爱热血，青春无极限

——沈徐铭的成长故事

一万小时定律指出，人们眼中的天才之所以卓越非凡，并非天资超人一等，而是付出了持续不断的努力。一万小时的锤炼是任何人褪去平凡成为大师的必要条件，许多人深以为然。沈徐铭坚持着这一万小时定律，在追求梦想的道路上，不断付出努力与汗水。

志同道合，成就梦想归处

在开学初的军训过后，大一的沈徐铭迎来了大学社团组织招新的"百团大战"，对校学生会充满憧憬的他，通过面试选拔，加入了这个优秀、务实的组织。他说，可能很难想象到，学校里有这样一群志同道合的人，能够在人均开销12元的条件下，完成从杭电到西湖历时一天的长走毅行团建；十佳歌手决赛现场，从教学区最西边的体育馆搬运5000张椅子到最东边的田径场，来回路程约1600米，而通过学生会不到60人的分工合作，却完成了这惊人的166.7张椅子的人均搬运量；定期开展内部培训，从优秀校友前辈经验分享，到交谊舞晚会，再到新媒体视频拍摄剪辑教学，都为每一个人的成长提供平台与经验——这些难忘的经历、校学生会中的优秀学长学姐，都是他成长过程中的良师益友。

面临抉择，追寻心之所向

万事开头难，转专业后的沈徐铭面临的是一个专业基础薄弱、课程进度落后、课业压力繁重的新起点。如何在学生会工作、专业学习、志愿活动、学科竞赛、学术研究中进行平衡或抉择，是他的最大困惑。然而，大一一年中，他在校学生会中学到的最重要的是一种敢于拼搏的精神，当下定决心要做好一件事，就铆足劲道、敢闯敢拼、全力以赴地去对待，不懈的努力后，再回首，曾经认为的那些"难于上青天"的事，随着不断的前行，就变成昔日的点点滴滴了。虽然无法改变落后于人的起点，但为了更好地积累专业知识，他主动通过邮件联系当时最感兴趣的数字图像处理方面的授课老师，希望就课堂上他所提及的一项技术深入研究。可能是他溢于言表的积极与决心打动了老师，最终，他作为研究团队唯一的本科生进入实验室进行课题研究。除了平衡好学业、学生会工作以及实验室科研，他还报名参与了学科竞赛项目，也利用闲暇时间参与青年志愿者活动。"多线程"般的选择，使他的时间被安排得满满当当，课余时间也成为他进步的助推器。

潜心沉淀，缔造无限可能

在转专业后4个学期的时间里，他从多方面发展了自己。在学业这条赛道上，他负重赛跑，并连续获得2次一等奖学金、省政府奖学金；在学生工作中，他表现突出，先后担任校学生会学习部部长、执行主席，与全省全市选拔的百名优秀学生干部一同在浙江省新世纪人才学院、杭州市西子青年人才学院接受培养教育；志愿活动中，参与春运志愿服务、世界游泳锦标赛志愿服务等志愿活动，累计提供志愿服务百余小时；学科竞赛中，作为团队核心成员，斩获1项国家级、3项省部级学科竞赛奖项；科研上，他参与导师主持的国家自然科学基金项目，主持了1项浙江省新苗人才计划科研项目，研究成果以第一作者授权国家发明专利1项，公开4项，获软件著作权登记1项，以第一作者发表SCI论文2篇、以第二作者发表EI会议论文1篇；此外，他还搭建了个人的技术博客，获得超过500人的关注、1.7万人次的浏览量并累计创作超过 6.6 万字。作为一名本科生，他已经达到很多高校对博士研究生创新成果的毕业要求。

很难想象，2018 年 9 月，他只是一名没有任何出彩之处、"平平无奇"的大二转专业生。而经过校学生会的锻炼体悟、实验室的学习研究以及自身不曾言弃的坚持，他获得校十佳大学生荣誉称号，成为自己曾经憧憬的优秀前辈之一。

顶格学霸，9 门满分 49 次满绩

——补星莹的奋斗故事

"C 语言程序设计 100 分，高等数学 100 分，EMC 理论与实践 100 分，数字逻辑电路 100 分，电磁场与电磁波 100 分……"看到这些课程名称，你有没有晃到眼？大学里电子学科的专业课，是有名的难，有同学说有些课听课像听"天书"。然而，杭电电子信息学院电子科学与技术专业的补星莹就拿到了 9 门满分、49 次满绩的"天花板"级好成绩，好几门课程，都创下了学院近年来的最高分。

勤能补拙，永不言弃

补星莹并非一入学时就有碾压性的优势。她几年前刚从湖南怀化来杭州电子科技大学就读时，在电子信息学院 537 人中，不过排名中上。这三年可谓"一路狂奔，一路赶超，不经意中成绩刷新了学校毕业生历史记录"。

刻苦钻研，百花齐放

这名被同学称为"补姐"的小姑娘，并非一个死读书的人。她是班长、学院创新实验室负责人、学校乒乓球队主力（还参加过省级比赛）。正所谓"优秀是全方位的"。大一下学期，补星莹通过考核进入创新实验室学习；大二时，她又通过电子科学与技术专业科技训练营加入先进电子材料与器件实验室。从此时到保研清华，她和实验室的研究生、本科生伙伴参与了很多项目、竞赛，发表了 5 篇 SCI 论文，申请了 1 个发

明专利，获得大学生机械创新设计大赛全国一等奖、浙江省大学生电子商务竞赛二等奖等奖项。

怀抱梦想，继续前行

谈到梦想与未来，她说："三年前，我从湘西来到杭州；未来，我将带着在杭州电子科技大学学到的专业知识与探索勇气，带着科技改变生活的梦想，从杭州走向北京，步入清华大学，在那里继续我的科学研究之路，为中国的芯片制造行业继续发光发热。"

披荆斩棘，迎风奔跑不停歇的女孩

——金思佳的坚守故事

在外人眼里，金思佳生活在鲜花与掌声中，她是国家奖学金获得者，是专业第一，是国家二级运动员，也是三项校级纪录保持者。但刚进大学的她何曾不是一个懵懂无知的新生呢？细细想来，或许只有"坚守"二字才能真正诠释她取得这番成绩的奥秘。

学习之路，脚踏实地见真章

高考608分压线进入杭电，她清楚地知道自己和别人的差距有多大，想要追上他人的步伐，必须付出更多的努力。因此她拼命学习，她讨厌那个在课堂上打瞌睡的自己，于是坚持早睡早起保持头脑清醒；她也时常沮丧于自己天生愚钝学东西很慢，于是坚持"笨鸟先飞"。至今，她斩获国家奖学金、省政府奖学金，连续5个学期获得一等奖学金，连续2年被评为三好学生，斩获2020年度"材环之星"，平均学科绩点4.66，专业排名第一。她相信，翻开书，是前人总结的知识要义；合上书，是她理想中的星辰大海。

科研路上，一往无前斩荆棘

她明白，当一个人走出大学踏入社会，那些所谓的"成绩"根本不值一提，真正重要的是脑子里有多少知识技能，是他能否运用理论知识解决实际问题，能否运用所学创造新的价值。于是她不再刻意地追求优异成绩，而是不断地从书本中汲取知识，并且勤于思考，联系实际，早早地跟随导师进入实验室致力于超级电容器在高效储能方面的研究工作。本科阶段的研究工作，让她参与到了2篇SCI论文的发表和1项国家发明专利的申请中，这锻炼了她的思维分析能力和实践操作能力，因此她十分感谢导师的辛勤培养。

田径生涯，劈波斩浪攀高峰

田径，在她的大学生涯中写下了浓墨重彩的一笔。2019年秋，初出茅庐的她参加了浙江省大学生运动会，轻轻松松便摘得一银一铜，并一举打破了校女子400米、800米和4×400米3项纪录，同时获得国家二级运动员称号；在一年之后的浙江省锦标赛中，她再次摘得3枚铜牌证明自己的实力；每一届的校运会她也不落下，多次获得第一名的好成绩。3年的田径生涯，她的训练时长达400余小时，奔跑近540千米，相当于田径场的1350圈。"成功的花，人们只惊慕它现时的明艳，然而当初她的芽儿，浸透了奋斗的泪泉，洒遍了牺牲的血雨。"纵然是国家二级运动员，是校级纪录保持者，人前人后风光无限，但她真正的生活，是每一天练到筋疲力尽，夜里躺在床上手脚酸痛辗转反侧；是在某些高强度训练的日子跑到呕吐，跑到骨膜发炎疼得呼天抢地；是在气温近40℃的暑假留校并坚持早晚练习，挨过无数的酷暑和暴雨。从前她以为，坚持就是铁打不动地带着足够的勇气去面对现实，这一路走来她才发现，坚持是即使偶尔挣扎着患得患失，即使偶尔退缩着心猿意马，一步三停，还是要鼓足勇气，拼了命地往前走。

给时间时间，让过去过去，那些看似不起波澜的日子，总会在未来的某一天，让我们看到坚持的意义。人不可能躺在过去的功劳簿上，未来，她希望能登上更高的平台，实现心中的初衷和理想——科技兴国，吾辈之责。因为没有一开始的顺风顺水，所以有了后来的坚定不移。她相信最后的进程既不是偶然，也不是必然，而是她内心的笃定和骨子里的坚持。

科技报国，能"研"善"导"的钢铁战士

——孙继腾的理想故事

孙继腾，大学期间服役于中国人民解放军空军。他能"研"，积极投身智能制造科研项目，服务地方经济和社会发展；他善"导"，是同学心中坚定理想、践行初心的"导路人"。在役之时保家卫国，荣立军功；退役之后潜心学问、科技报国；在校期间获"2018 年度中国大学生自强之星"、"杭州市优秀防疫志愿者"、2021 年浙江省大学生就业创业人物、"校优秀共产党员"等各级荣誉称号 30 余项，获得研究生国家奖学金、省政府奖学金等各级奖学金近 20 项，公开专利 8 项，曾负责校级以上科研项目 3 项，并顺利结题，在国家级科研竞赛获奖 2 项。"全国百名研究生党员标兵"候选人浙江省推荐人选，曾任社团会长、班级班长。组织参加退役大学生士兵队列展示告别母校、学校征兵宣讲等线上活动，官方视频号播放量超过 100 万人次。《浙江日报》纪念建党一百周年主题专访人物，退役大学生士兵的优秀代表。

"青春有很多样子，很庆幸我的青春有穿军装的样子！"

国家大事，千万尽力。出生军人世家的孙继腾，扛起钢枪报效祖国是他从小的梦想。2015 年秋天，孙继腾携笔从戎，服役于中国人民解放军空军。服役期间，曾参与抗击超强台风"莫兰蒂"等作战任务和突发事件处置，累计执勤时间超过 3000 小时，护卫军民人身财产安全。因表现突出被选为新兵副班长，带领全班战友争第一、扛红旗，班级各项训练指标名列前茅，流动红旗挂满宿舍，先后获得新训标兵、优秀义务兵、飞行保障先进个人、优秀值日员等多项荣誉。

"脱下军装，我仍不会忘记在军旗下保家卫国的誓言！"

退伍不褪色，退役不褪志。退役返校后的孙继腾将部队磨炼的坚毅品质和严谨作风融入学习生活，面向全校学生开展征兵宣传，开展退役大学生士兵直播分享会，参加区武装部线下征兵答疑。作为退役大学生士兵代表在区新兵欢送会上发言，为准新兵加油鼓劲，做好报国参军的

宣传员。退役后，孙继腾连续 3 年参与本科新生的军训带训工作，并在 2021 年作为学生教官负责人，组建学校退役大学生教官队，带领 50 人顺利完成学校 4200 多人的学生军训，受到学校表彰和人民资讯、钱江晚报、腾讯网等多家媒体报道。同时，带着军事理论知识和自身部队经历走进全校思政课堂，参加全校"新生入党第一课"全会精神宣讲等活动 10 余场，积极发挥部队所学特长，作为教官带领学校保卫处干部进行防暴盾牌等军事训练，带领人员执行学校"三位一体"等大型考试的安保与巡逻任务等，为学校的安全助力。

"在役之时保卫国家，退役之后守护人民！"

2020 年寒假，孙继腾家乡的村庄确诊新冠肺炎患者 5 名，集中隔离 80 余人，全村实行封闭管理，村干部大部分被隔离，仅剩 1 人能正常开展工作，管理人员紧缺。作为村里唯一的一名退役大学生士兵党员，他主动请缨，带头抗击疫情，努力克服环境恶劣、条件简陋等诸多困难，深入疫区一线连续服务 1 个多月 300 余小时。在零下 10℃的室外连续 6 小时不吃不喝不上厕所入户测温，纷扬大雪中协调车辆，护送老人安全就医，用实际行动践行全心全意为人民服务的宗旨，为保障村民生活需要做出了很大贡献。当地政府充分肯定孙继腾的抗疫行动，专门将感谢信送至学校。他被评为杭州市"优秀防疫志愿者"，并连续两年获得校优秀共产党员荣誉称号。

"我这块砖，就是要在锤炼后，搬到国家需要的地方去！"

孙继腾说："我为自己曾经拥有军旅生活而骄傲自豪！正是部队生活的锻炼铸就了更好的我。今后，我仍将保持军人作风，以雷厉风行的工作作风和令行禁止的工作态度，严格要求自己，不忘初心，科技报国，以梦为马，不负韶华！"

投身美丽乡村建设

——马克思主义学院研究生党支部

杭电马克思主义学院研究生党支部依托学校、学院，以党建为引领，引导支部成员厚植家国情怀，在服务脱贫攻坚、乡村振兴等国家重大战略以及重要窗口建设实践中学深悟透用好习近平新时代中国特色社会主义思想，把自己锻造成为马克思主义的忠诚信奉者、坚定实践者、优秀传播者。党支部作为首批浙江省高校党建工作样板支部，充分运用浙江"三地一窗口"优势，创新党建载体，探索形成了"乡村＋党建""思政＋党建""红色＋党建"育人新模式。学校党委认真落实省委党建"十条"和教育厅党委"两个标准"建设要求，实施"五项工程"，努力打造党建引领学校事业发展的"重要窗口"，近年来获省级以上党建荣誉100多项。支部所在学院为浙江省重点建设马克思主义学院。

组建乡村振兴青年团，一线实践，助力全面小康

支部组建了乡村振兴青年团，已选派4批青年先锋队共34名研究生党员前往乡村进行3～6个月的挂职实践；挂职党员回校开展"乡村振兴分享会"，低年级党员前往挂职基地考察学习，形成了支部直通乡村活动的良好氛围；促进马院研究生培养改革，不少于3个月的乡村基层锻炼成为2学分的必修环节。

成立新时代理论宣讲团，不忘初心，助力家国梦圆

通过与安吉党校等的合作，与村级组织共建"绿水青山就是金山银山"讲习所，积极开展调查活动与理论宣讲，助力党的理论、政策、主题教育更加深入扎根乡村，助力乡村治理效能提升；讲好乡村故事，形成长篇调研报告，让美丽乡村建设新模式新经验更好地传播和推广。

拓展多彩乡村实践活动，勠力同心，擘画"三农"新篇

支部成员利用暑期社会实践的机会，深入德清县雷甸镇，在田间地头开展劳动教育，编写了4万字的劳动教材。疫情期间，组织开展系列战"疫"助农直播带货活动，产生直接经济效益近100万元。

发挥专业优势，助力精准思政

支部成员任职团省委驻会主席，挂职校团委副书记、校研究会主席，积极参与二级学院兼职辅导员、助管工作，支部成员100%参与省、校、院的大学生思政工作，助推学校网络思政向精准思政转型升级。发挥专业优势成立研究生传习宣讲团，筑梦新时代理论宣讲团、组建党史、校史、时政宣讲小分队，他们走进乡村、走进中小学、走进党史馆，进行党史故事宣讲，深受欢迎。

传承红色基因，笃定理想信念

红色基因是优秀青年马克思主义者的"芯"核，党支部创建理论学习与实践体悟相结合的"三个一"党建教育模式，即每人每年上一次党课、分享一本原著、参观一个红色基地。①在组织中明方向。支部坚持"三会一课"，始终把政治建设摆在首位，开展"在马言马　在马信马"教育活动，要求党员利用兼职辅导员和支部主题活动的机会，每人每年正式上公开党课一次。②在学习中悟真理。支部每年赠送每人2~4本马列经典著作，定期组织"思想跳蚤市场"读书会、传习大讲堂等活动，在读经典中汲取科学智慧和理论力量。③在考察中传基因。党支部成员走访侵华日军南京大屠杀遇难同胞纪念馆、板桥新四军纪念馆等红色教育基地，砥砺初心使命，传承红色基因；走进华为杭研所等上市企业，深刻感受企业的使命担当、家国情怀。

"支部直通乡村"相关事迹入选2019年团中央"三下乡"全国优秀案例，受到《光明日报》《中国教育报》等50多家主流媒体关注。支部被学校评为先进基层党组织，入选浙江省首批高校"样板支部"创建培育单位和浙江省首批研究生样板党支部。支部培养出了一批"黏着泥土"的研究生，涌现了浙江省"万名好党员"、国家奖学金获得者、浙江省学联执行主席、"鲁家村荣誉村民"等50余名新时代优秀青年马克思主义者。

讲好党史故事，在窗口写青春

——新远讲师团

新远讲师团是由杭州电子科技大学会计学院大学生骨干培训班成员组成的一支青年讲师团队，成立于 2020 年 6 月，共有 2 批成员总计 21 人，配备专业思政指导老师 2 名，致力于讲好党史故事和理论政策。

两年宣讲，常态运行

新远讲师团自 2020 年 6 月成立以来，致力于理论政策和党史学习教育宣讲，常态化运行、周期性总结。2021 年 5 月起，新远讲师团每周三下午赴临平区南苑街道多个社区进行合作宣讲，和校内多个社团合作参与宣讲活动。

独创体系，多元形式

新远讲师团线上发布百期原创视频，线下进行百场党史宣讲。以讲、演、唱、跳等丰富形式让党史宣讲"活"起来、"潮"起来，结合红歌红舞打造形式新颖轻松易学的宣讲模式，推动红色之声入耳入心。新开辟"跟着习总书记在浙江的足迹学党史"路线，进入实地进行"沉浸式宣讲"。此外，新远讲师团独创"一人一党史，一物一党史，一地一党史，一会一党史"的"四个一"党史学习教育宣讲体系，编撰相关教材助力"大思政"教育。

校社共建，服务基层

新远讲师团和杭州市临平区建立合作，形成社区—街道—区三级实践地点，依托农村文化礼堂、乡村讲堂等载体，让党的故事"飞入寻常百姓家"，把党课搬到群众家门口，全力打通党史学习教育"最后一公里"。讲师团走进社区、村委等基层党群组织，在党团日活动中提供理论支撑，在提升基层党员、团员和群众的思想理论政治方面展现出服务力，受到当地社区热烈欢迎，得到当地居民的肯定。

地域广泛，影响深远

截至 2021 年底，新远讲师团累计用 148 场宣讲，覆盖 34378 人，宣讲足迹遍布杭州、温州、台州等 9 个地市，53 个社区，11 所学校，媒体报道浏览量过百万人次，产生了较大的社会影响力。

知行合一，坚定报国志

——国防协会

2021 年 9 月，杭电圆满完成 2020 级 4200 名学生军训工作。这是杭电首次采用以退伍士兵专项计划研究生和本科生为教官主体参训，共有 46 名退伍大学生士兵（含 5 名女大学生）成为教官，创新了大学生军训模式。退伍大学生教官兼备了部队气质和内在涵养，更能有效地掌握大学生的身心状况，便于高效地开展施训工作。退伍大学生是学校思想政治教育和国防教育的宝贵资源，他们担任军训教官是发挥退伍士兵正能量、更好推进国防教育和学生教育管理的需要，也是学生自我教育、自我管理、自我服务的良好载体，他们在军训过程中展现了当代大学生良好的精神风貌。

退伍不褪志，为祖国军人代言

大学生退伍士兵担任教官，将部队所学的国情考察、军事训练的理论与带训任务的实践结合，将认知与探究结合，将动脑与动手结合，突出了高校劳动教育知行合一的实践性特征。大学生退伍士兵在全校学生面前充分展现了良好的精神风貌和过硬的军事素质，充分发挥带头作用、骨干作用和桥梁作用，有助于培养大学生勤俭、奋斗、创新、奉献的劳动精神。大学生退伍士兵身体力行，把服务社会报国强国的实践转化为生动的育人场景，体现了服务社会、服务他人的奉献情怀和服务意识，引导大学生通过劳动实践磨炼意志、砥砺品格，实现人生价值，落实以学生为中心的"三全育人"要求。

知行必合一, 为国防教育助力

国防协会是学校国防教育的重要学生社团, 是日常国防活动的主要组织者和参与者。学校国旗护卫队是国防教育的一面旗帜, 自组建以来每周例行升旗仪式, 负责学校重大节日活动的升国旗仪式以及出席学校要求的校外实践和迎宾活动, 曾与天安门国旗队进行交流。2020 年, 在校优秀退役大学生士兵线上与同学分享各自的从军经历、成长蜕变、退役返校学习生, 介绍大学生入伍的各项优惠政策, 鼓励大家携笔从戎, 坚定报国志、升华人生志。

经过多年的实践, 杭电形成了四年一贯制的国防教育体系, 涵盖军事技能训练、军事理论教学、日常国防文化活动、国防协会社团活动、无线电测向竞赛活动等内容。

第五章 **STARS 学工文化之"责任"**

第一节 责任文化概述

一、责任、责任感的内涵

"责任"一词被广泛应用于政治学、伦理学、法学、经济学及日常生活中，对其的解释纷繁复杂。近年来，学界引入"角色"概念来界定责任。人的社会角色决定社会责任。一般而言，我们把责任分为承担社会角色的行为和个体对行为后果的承担两个层次。基于此，责任的内涵一般可概括为：一是表示个体对社会角色中应该承担相应责任的自觉履行；二是表示个体应对所选择行为的不良后果和过失承担责任或惩罚。

责任通常具有两方面的特质：社会性与客观性。首先，责任是人作为人特有的存在方式。责任的本质是社会性，它是社会关系的产物。责任是由人的本质社会属性所决定的，就是作为行为主体的人对社会应承担行为及对自己行为或过失承担后果的义务。人不单是自然人，更是社会人，"每个在道德上有价值的人，都要有所承担，没有任何承担，不负任何责任的东西，不是人而是物件"①。责任的核心内容是其内在的规定性，也就是外在的社会规范通过个体的情感体验和认知转化为信念和意志，进而内化为行为主体和社会认可的思维方式及行为规范。只要是人就要承担相应的责任，这样才能成为真正的人，不承担责任就会受到社会其他人的谴责。在实现自我价值的同时，也要实现社会价值，这样才能受到社会的认可。马克思、恩格斯曾指出："作为确定的人，现实的人，你就有规定，就有使命，就有任务，至于你是否意识到这一点，那都是无所谓的。"②这里所说的"使命""规定"和"任务"就是指人的责任。其次，责任不是个人意愿决定的，也不因个人意志而转移。人不能随心所欲地创造或者改变历史，必须遵照历史和社会发展的客观规律，而历史和社会发展规律是客观的，对人的行为和活动有着规定性。同时，人对社会和历史的发展方向负有不可推卸的责任，正如康德所阐述的，"责任就是由于尊重规律而产生的行为必要性，是人的一种必要的自我强制和约束"③。一方面，不管人是否意识到责任，在历史发展的合力中，人都在对合力做着贡献，这是客观存在的；另一方面，人为了生存需要改变客观世界、进行物质交换及与他人进行联系，这使人与客观世界、与他人之间相互依存，使人承担责任成为必然。所以，人类社会历史发展的客观性和人的生存需要的客观性决定了责任具有客观性。

二、马克思主义经典作家对责任的阐述

马克思主义关于人的自由、人的本质和人的全面自由发展等的观点为新时代辅导员责任文化建设提供了坚实的理论基础。自由和责任是哲学研究中古老而常新的一对范畴。自由作为道德的前提，必然是责任的前提。自由和责任相互依存，人因自由而负有责任。马克思充分肯定了人的意志自由，认为"一个人只有在他以完全自由的意志去行动时，他才能对他的这些行动负完全的责任"④。恩格斯指出："如果不谈所谓自由意志、人的责任能力、必然和自由的关系等问题，就不能很好地议论道

① 康德.道德形而上学原理[M].苗力田，译.上海：上海人民出版社，2002：7-8.
② 马克思恩格斯全集（第3卷）[M].北京：人民出版社，1960：329.
③ 康德.道德形而上学原理[M].苗力田，译.上海：上海人民出版社，2002：16.
④ 马克思恩格斯选集（第4卷）[M].北京：人民出版社，2012：91.

德和法的问题。"① 就是说，一个人拥有自由，可以自由选择自己的行为，同时也就负有行为的完全责任。责任行为选择建立在个体意志自由的基础上。个体只有将社会责任转化为个人责任并认真履行才能实现真正的自由。人具有社会属性，它是人与动物区别的本质属性。关于人的本质，马克思认为："人的本质不是单个人所固有的抽象物，在其现实性上，它是一切社会关系的总和。"② 人是社会关系的产物，人的本质在于其社会性。人的社会性存在对他说来就是责任的存在。人的全面自由发展主要表现为人的社会关系的全面丰富、人的劳动及其能力的全面发展和人的个性自由发展。人的全面自由发展是人类发展和社会建设的最终目标。个人的高度的责任感和能力保证着人的全面自由发展，而人的全面自由发展进一步促进了人的责任提升和能力建设。

三、新时代教师肩负的责任

教育是国之大计、党之大计。党的十八大以来，习近平总书记充分汲取马克思主义经典作家关于自由与责任的阐述，从世情、国情、党情出发，站在共产党执政规律、社会主义建设规律、人类社会发展规律和思想政治工作规律、教书育人规律、学生成长规律认识的新高度，重视教师责任意识的培育，全面阐述"为谁培养人、培养什么样的人、怎样培养人"这一根本问题，在教师节问候教师、深入学校考察、参加师生座谈会、出席全国高校思想政治工作会议和全国教育大会等多个重要场合，对教师责任作出重要指示。第一，教师认真履行责任对学生健康成长成才具有深远意义。在实现中华民族伟大复兴的历史征程中，教师承担着最庄严、最神圣的使命。发展教育事业，广大教师责任重大、使命光荣。"一个人遇到好老师是人生的幸运，一个学校拥有好老师是学校的光荣，一个民族源源不断地涌现出一批又一批好老师是民族的希望。"③ 习近平总书记结合自身的求学经历，回忆老师教的知识和做人的道理让他受益无穷，讲述了许多奋斗在基层、扎根西部的优秀教师长期坚守在教育一线，不惜克服一切困难保障学生接受教育的权利、对学生倾注责任和无私关爱的故事。第二，教师责任心是教师实现个人价值和成就事业的动力之源。教师责

---

① 马克思恩格斯选集（第3卷）[M]. 北京：人民出版社，2012：490.

② 马克思恩格斯选集（第1卷）[M]. 北京：人民出版社，2012：135.

③ 做党和人民满意的好老师：同北京师范大学师生代表座谈时的讲话 [N]. 人民日报，2014-09-10.

任心越强，就越容易产生正确的责任认知、积极的态度体验和主动的责任行为。习近平总书记讲述了默默奉献在基层的普通教师和为党和人民作出了杰出贡献的教书育人楷模的故事，点赞和宣传了国学泰斗汤一介、放弃国外优厚待遇至诚报国的黄大年、长年扎根太行山上专注脱贫攻坚和科技创新的李保国、改变山区女童命运的公益校长张桂梅等优秀教师的事迹，肯定了他们潜心教书育人，不惜牺牲自我成就学生，培养了一大批国家需要的优秀人才；肯定了他们心无旁骛地钻研，为民族文化传承、科技创新作出了杰出贡献，获得了人民的敬仰；肯定了他们用实际行动成就了一番事业，实现了自我价值，成为令人尊重的好老师。第三，教师努力履行责任是推动国家富强和民族复兴的基础。人才是提高国际地位和推动经济社会发展的战略资源，建设社会主义现代化强国和实现中华民族伟大复兴需要一大批理想信念坚定、家国情怀深厚、创新精神和社会责任意识突出、结构合理的人才队伍。教师作为教育事业发展的立足之本、动力之源和中华民族"梦之队"的筑梦人，承担着培养堪当中华民族伟大复兴大任的时代新人的根本任务，其责任履行情况直接关系到教育事业的发展，关系到社会主义现代化强国建设的进程，关系到中华民族创造活力的激发和民族凝聚力的增强。第四，教师要努力承担好"三传播""三塑造"的时代重任。2014 年 9 月 9 日，习近平总书记到北京师范大学视察的时候，提出"四有"好教师的标准：有理想信念、有道德情操、有扎实学识、有仁爱之心。在 2018 年召开的全国教育大会上，习近平总书记进一步明确教师的责任为"传播知识、传播思想、传播真理，塑造灵魂、塑造生命、塑造新人的时代重任"[①]。广大教师要始终把为党育人、为国育才摆在首位，全面把握当前的世界大势和国内形势，充分认清教育的时代使命、时刻铭记身上所肩负的家国责任和努力履行人才培养的责任，在引导学生坚定理想信念、爱国报国、锤炼品德、认真求学、勇于奋斗、崇尚劳动等价值观教育上多下功夫，注重锤炼学生品格、激发学生创新思维，把学生塑造成灵魂高尚、生命鲜活、能够并且勇于担当民族复兴大任的时代新人。

习近平总书记的系列论述为全体辅导员肩负时代使命和履行时代责任指明了方向，提供了根本遵循。在习近平新时代中国特色社会主义思想的指引下，高校党委要让辅导员人人明责、个个尽责、时时履责，高度重视加强新时代辅导员队伍建设、

---

① 坚持中国特色社会主义教育发展道路 培养德智体美劳全面发展的社会主义建设者和接班人 [N].人民日报，2018-09-11.

促使辅导员担当好时代赋予的重任。

第二节　责任文化的杭电足迹

教育部于 2014 年 3 月 27 日印发了《高等学校辅导员职业能力标准》，将高校辅导员分为初级、中级和高级三个层次，从思想政治教育、学业指导、日常事务管理、党团和班级建设、心理健康教育与咨询、网络思想政治教育、危机事件应对、职业规划与就业指导、理论和实践研究等九个方面对每一等级辅导员的角色责任和能力要求进行了详细说明，从而进一步彰显了高校辅导员角色责任多样化的发展态势。这在大大强化高校辅导员在学生管理中重要性的同时，也带来了职业伦理视角下各种角色责任问题。

高校辅导员是高等学校教师队伍的重要组成部分，是高等学校从事德育工作、开展大学生思想政治教育的骨干力量，是大学生健康成长的指导者和引路人。辅导员作为高校学生日常思想政治教育和管理工作的组织者、实施者、指导者，其责任意识直接影响辅导员工作水平的高低、工作效果的好坏、思想政治教育的效果，对高校的改革、发展和稳定，对培养造就有理想、有道德、有文化、有纪律的社会主义建设者和接班人意义重大。实现高校辅导员队伍职业化、专业化、专家化发展已成为目前加强辅导员队伍建设的现实需求和根本方向。紧紧围绕政治育人、管理育人、服务育人、道德育人这四方面的责任内容，始终重视强化辅导员的责任感和使命感建设是学校党委一以贯之的优良传统。

一、高度重视

学校党委始终坚持立德树人理念，把辅导员队伍建设作为教师队伍和管理队伍建设的重要内容与重大任务，作为加强和改进大学生思想政治教育的一项长期性、基础性的措施来抓。首先，在数量上着力解决好专职辅导员配足的问题。根据教育部《普通高等学校辅导员队伍建设规定》第六条规定的"高等学校总体上要按师生比不低于 1∶200 的比例设置本、专科生一线专职辅导员岗位"要求，杭电率先在省内实现足额配置到位。在选拔辅导员入职环节，严把入口关，从思想素养、作风能力等各方面进行考察，实行竞争上岗、择优聘用，真正选拔一批理论水平较高、责任意识和创新能力强的新人加入学工队伍。其次，注重质的提升。为了能招聘到高素质辅导员，杭电近年来多次组团到北京开展辅导员招聘，其中不乏来自美国纽约大学、英国利兹大学等海内外高校的毕业生。再次，构建大学工格局。杭电加强顶层设计、统一协调，整合校内各部门，打通隔阂，促进学校各项工作的贯通，形成工作合力。不但要使各部门教职工协同合作，各司其职，也要使他们在育人理念、育人方式上达成共识，协同构建有助于形成相嵌、链接、互补、共生的育人体制机制，校内课程育人、科研育人、实践育人、文化育人、网络育人、心理育人、管理育人、服务育人、资助育人、组织育人"十大育人"体系成效显著。

二、机制先行

（一）制定学生工作考核标准

为健全完善校、院学生工作的运行机制，加强学生工作的科学化、规范化、制度化建设，杭电制定了《杭州电子科技大学学院学生工作考评办法》。根据辅导员的工作内容，杭电制定《辅导员工作考核制度》，重点考察思想政治素质、工作业绩、业务学习、理论研究能力等方面的水平，努力营造可进可出、能上能下、优胜劣汰的良性竞争模式。根据《普通高等学校大学生思想政治教育工作测评体系》，杭电制定了《杭州电子科技大学学院学生工作互观互检互学观测点》，涵盖学院学生工作组织体系、队伍建设，学生思想政治教育、日常管理与安全稳定，学风建设，招生就业，素质拓展，重点工作、特色创新等主要内容，共计7大类20个测评点。下一步，杭电还将组织学院和相关部门，根据评估情况，发布学生工作系列年度质量报告。

（二）建立辅导员导师制

为进一步完善辅导员培养的长效机制，建设一支高水平、研究型的辅导员队伍，根据《中共中央、国务院关于进一步加强和改进大学生思想政治教育的意见》和《中共浙江省委教育工委、浙江省教育厅关于进一步加强高校辅导员队伍建设的实施意见》等文件精神，杭电专门出台了《杭州电子科技大学辅导员导师制实施办法（试行）》。辅导员导师制旨在充分发扬学校思想政治工作"传、帮、带"的优良传统，对新进辅导员进行一对一的指导和帮助，促使新进辅导员学习先进工作方法，积累工作经验，提高工作能力和水平，提升管理育人、服务育人的责任感和使命感。

（三）出台《杭州电子科技大学思政工作坊建设办法》

为推进学校辅导员队伍的职业化、专业化和专家化建设，使辅导员队伍人才形成梯队、骨干形成团队、"带头人"形成核心，杭电出台了《杭州电子科技大学思政工作坊建设办法》。围绕"立德树人"的根本任务，杭电以学生工作实际为基础，贴近大学生思想、学习、工作和生活实际需求，以成员集体智慧为依托，针对新形势下大学生思想政治教育面临的热点和难点问题进行专题研究，不断探索大学生思想政治教育工作的新途径、新方法。近年来，学校学工部以辅导员发展中心为平台，设立专门场所，划拨专项经费，重点建设和培育指南针新媒体工作室、"智慧学工"辅导员工作室等10个辅导员工作室，旨在通过团队建设推进辅导员专业化、职业化发展。2016年至今，杭电在思政工作坊基础上继续创新，推出辅导员工作室建设活动。辅导员工作室负责人既要全面负责工作室的日常运行与业务开展，也要承担起对成员的培养职责。辅导员工作室的实践和科研成果以新闻报道、论文、专著、讲座、研讨会、报告会、观摩考察等形式，在全校范围内介绍、推广。

（四）建立辅导员企业挂职制度

为丰富辅导员的工作阅历，开阔辅导员的工作视野，提升辅导员的实践能力，推进辅导员职业化和专业化发展，同时搭建学校和企业之间互动交流的平台，努力提高人才培养质量和就业创业质量，杭电主动对接杭州市未来科技城管委会，组织5名辅导员前往浙江核新同花顺网络信息股份有限公司、浙江正元智慧科技股份有限公司等新兴科技公司担任人力资源经理助理，拓宽辅导员工作视野，搭建企业与高校人才对接平台，解决企业招人难以及高校学生专业就业能力、实践能力不足的问题。

辅导员入职后，建立多渠道、多形式和全方位的辅导员队伍教育培训制度，比如集中培训、在职进修、经验交流、挂职锻炼等，不断提高他们的政治理论水平和业务技能。制定《辅导员工作考核机制》，注重考核辅导员的政治鉴别能力、调查研究能力、沟通协调能力、心理调适能力，解决好辅导员行政职务聘任和专业技术职称评定的问题，提升辅导员职业归属感。

三、强化培训

辅导员一般都是直接从高校毕业，从学生到教师的身份转换刚刚开始，思想政治素质、道德素质、业务素质和心理素质稍显不足。通过培训让辅导员快速成为学生的人生导师和健康成长的知心朋友就显得非常有必要。杭电党委高度重视对辅导员责任意识的培养，将辅导员责任意识培训纳入高校师德培养计划，创新培训的内容、方法和手段。一是搭平台。通过举办辅导员中层干部素质能力提升培训、辅导员论坛、辅导员团队建设沙龙、新任辅导员入职仪式暨岗前培训会等形式开展多样化的内部交流。培训的内容重点是辅导员的开拓创新能力，对学生进行世界观、人生观、价值观教育引导的能力，培养大学生公民素养和责任担当的能力，引导大学生心理健康发展和危机干预的能力，指导大学生进行职业生涯规划的能力。二是"引进来"。邀请校内外思政专家为辅导员开展专项培训。三是"送出去"。选派辅导员参加专业机构培训或到辅导员研修基地学习。鼓励辅导员加强交流，与兄弟院校组织辅导员开展定期交流，选派优秀辅导员赴国（境）外考察学习，鼓励辅导员赴延安培训学院学习、参加"育人强师"全员培训。

四、政策保障

为了鼓励辅导员想干事、能干事、干成事，杭电党委重视出台系列政策，切实保障辅导员队伍的稳定性、发展性、成长性，真正做到使辅导员干事业有平台、工作有条件、发展有空间，为每位辅导员量身架设校内外发展的"立交桥"。一是畅通辅导员继续发展序列和路径，提升队伍整体素质。鼓励符合条件的辅导员在不影响工作的前提下继续深造，为其提供在职攻读思政专业博士学位的机会。鼓励辅导员编著出版学生工作相关著作等。鼓励辅导员积极申报校中青年骨干、网络教育名师和人文社会科学研究等省部级以上奖项和荣誉。设立辅导员启航课题、德育中心研究课题、思政类课题、党建（团建）类课题、就业指导类课题、教育研究类课题等，开展辅导员优秀论文征集与评比。鼓励辅导员根据职业发展方向参与科研。二是修订《学生思政系列专业技术职务业绩评定细则》，突出能力和责任导向。为了体现对辅导员责任心的强化和引导，在学生思政系列专业技术职务的申报条件中，把以下条件列为优先考虑因素：高质量研究报告，在全国辅导员年度人物评选活动中表现优异，在学生思想政治教育工作中实绩突出（如所负责的班级社团学生组织获省级以上政府部门表彰、具体负责的工作在全省范围产生重大影响），在省级辅导员博文大赛、辅导员职业技能大赛中成绩突出，指导学生获省级以上学科竞赛，获得校级优秀辅导员、校优秀共产党员或优秀党务工作者、十佳教师等荣誉称号，等等。三是在职务晋升时优先考虑、重点培养。在干部提拔时，学校对那些政治素质好、业务能力强、有发展潜力的辅导员骨干优先考虑、重点培养。

第三节　辅导员责任感培育的杭电经验

杭电辅导员深入学习习近平总书记关于新时代教师责任重要论述的思想精髓，牢记为党育人、为国育才的初心使命，深入审视自身教育教学行为与学生健康成长、个人价值实现、国家富强与民族复兴、人民幸福的关系，以勇于担当、无私奉献、执着坚守的精神投入辅导员事业中，在岗位上乐于作为、主动作为、敢于作为、创新作为，不断为新时代学生全面成长成才作出自己力所能及的贡献。他们当中涌现出了一大批坚定理想、敢于担当、乐于奉献、不负韶华的优秀代表。

疑是洛川神女作，千娇万态破朝霞

——会"唱歌"的夏朝霞

夏朝霞，女，曾任生命信息与仪器工程学院辅导员兼学工办主任，讲师，担任辅导员9年。她坚持"爱与责任同在、与学生共成长"的工作理念，工作勤勉，注重创新。荣获第四届全国辅导员职业能力大赛复赛一等奖、第四届浙江省辅导员职业能力大赛一等奖、校优秀辅导员等荣誉称号。拥有国家职业资格二级证书、国家心理咨询师二级资格证。主持和参与课题10项，学校年度考核中3次获评优秀。

务实是工作的基石

在担任辅导员工作期间，不论工作分工如何，她都勤勉务实地做好每一项工作。第一，重视制度建设。根据实际工作需求，她主持编制

《党员手册》《校外实习学生管理办法》《学生出游安全管理办法》《寝室长工作职责》《学生科技竞赛管理办法》等手册和细则。第二，加强学风班风建设。抓学风，促班风，组建"学风督察队"并带队进行考勤，设立"学风建设"日，强化学风建设成果。注重学生干部能力培养，建立班委例会制度和核心班委QQ群，组织新老班委经验交流和学生干部培训工作。第三，注重党的建设。党员发展对象培训进行小班化教学，党员教育将理论学习和实践教育相结合，多次组织入党积极分子、党员学生参观浙江革命历史博物馆，开展"党员放映厅""党员论坛"等主题教育。面向新生开展党建知识宣讲会，建立"党员学长联系人"制度，为新生班配备一名优秀高年级党员作为党员联系人，党员发展中严格执行"入党答辩"制度。

　　创新是工作的源泉

　　担任分团委书记期间，夏朝霞注重团学活动思想性和趣味性相结合，指导的团学活动"校园吉尼斯"吸引了师生踊跃参与，《钱江晚报》作了专门报道，浙江电视台经济生活频道也对其进行了采访报道。

　　做强学院品牌活动，打造"生仪骄傲"年度人物评选品牌活动；充分利用校友资源，举办学院首届校友论坛，促进学院文化氛围形成。

　　在江干团区委挂职期间，夏朝霞利用当地资源加强校企合作，建立佑康就业实习基地、爱康温馨家园党员教育基地和志愿服务基地，学生志愿者和党员志愿者连续3年在基地开展志愿服务活动。

　　建立"军训基地"网站和"人文素养基地"网站，提升学生人文素养；利用工作博客搭建与学生信息沟通平台；注重利用新媒体开展学生工作，建立辅导员微信公众平台，及时与学生进行信息和思想沟通，创下单条微信上千次的阅读纪录。

　　重视毕业生感恩教育，以学院为单位与学生自编自导举办《难说再见》毕业晚会，上百名毕业生参与组织和演出，同时还制作完成宣传片和《难说再见》主题音乐短片，举行毕业摄影作品展等，给毕业生留下难忘的记忆。

关爱是工作的根本

用心工作，用情投入，与学生亦师亦友。学生春游，欣然同往；社团活动，化身学生粉丝为其加油助威；看到好书，买下赠送给学生共勉共学；对于学业困难学生，组建学业帮扶小组，帮助学生顺利完成学业。新生入学第一学期，与每位学生面对面谈话交流，了解学生综合情况，帮助学生规划学业。

对于特殊学生，倾注更多关爱。放弃周末时光，陪伴因失恋痛不欲生的单亲家庭学生。前往学生寝室探望身患抑郁的学生，了解其病情发展到有轻生的念头后，连夜护送其到医院监护就诊。为了让寒假留校的贫困生感受到温暖，邀请他们到家中提前吃年夜饭。为身患白血病学生发起爱心捐赠，并为其奔波借款 17 次，筹集医疗费 20 余万元。

学生成才是工作的目标

作为辅导员，始终呵护陪伴学生成长，鼓励学生发挥潜能。担任辅导员以来，先后有 4 个班级获校级先进班集体，2 名学生获评十佳大学生，3 位学生获国家奖学金。60 多人次在国家、省级科技竞赛中获奖。带队和指导的社会实践团队获评省优秀团队，所带学生自制音响销往 16 个国家。

重塑"红客精神"，打造"红客文化"

——思政工作者"女侠"苏晶

苏晶，女，现为网络空间安全学院党总支副书记。她坚守一线学生工作岗位 15 年。立足学院所属网络空间安全学科攻防兼备特点，积极探索具有专业特点的学生工作新理念、新方法。她主导设计与构建的以"红客文化"为引领、安全使命为驱动、实践能力为立足的网络空间安全人才培养思想政治工作模式取得了良好的效果和积极的影响。她主持的"重塑'红客精神'　打造'红客文化'工程"被评为浙江省高校党建特色品牌，提交的《我国高校网络空间安全人才培养思想政治工作现状调研报告》获省委网信办高度评价并被采纳。她抱着对学生工作潜心深耕、静待花开的信念，从踏实地做好当下的每一项工作起步。一点一滴，缓慢而坚定地朝着自己的理想向前走。校优秀辅导员、校优秀共产党员、最受学生喜爱的支部书记，这些荣誉是她在辅导员岗位上点滴积累留下的印记。她所在学院的信息安全党支部荣获全国样板党支部以及全省高校基层先进党组织称号。她曾荣获全国学生资助工作"推荐学习个人"荣誉称号。2019 年，入选浙江省高校名师辅导员（二级学院副书记）成长引领计划。

探索和创新精神，是她保持对工作积极投入状态的动力源泉。她将学生工作常做常新，进入网络空间安全学院工作后，她通过研究高校网络安全学科发展和人才培养的现状，对习近平总书记的国家安全观重要论述以及对高校提出的根本问题"为谁培养人、培养什么样的人、怎样培养人"进行持续的深入思考。她带领团队立足学院、学科特点，在国家大力发展网络安全事业的时代背景下积极探索具有专业特色的思想政治工作新理念、新方法、新途径，积极打造具有学科特色的育人环境，逐步探索出一套符合国家需求、符合学校实际、符合学科特点的网络安全人才培养方法。

凝练精神，以价值观聚人心

苏晶为学院文化品牌的确立倾尽心力，将社会主义核心价值观与网络空间安全的学科特色相融合，既考虑与中华优秀传统文化一脉相承，又体现出鲜明的时代特点，进而从思想文化层面架构网络安全人才的价值体系，引导学生形成正确的内在价值判定与价值取向。为此，苏晶查找了很多文献资料，和团队成员推翻一稿又一稿，反复斟酌打磨，提出了"红客精神"的概念（即网络天下、志存高远的奋青精神；安然雅致、守正求新的学人精神；情理兼修、为国为民的侠者精神）。"红客精神"是红客文化的精神内核，是学院特色文化建立的根基，经过两年多的不断深化和宣传，已成为杭电网安人思想上认可、情感上认同的"精神旗帜"。

彰显特色，以文化促德育

安全领域核心技术是国之重器，人才培养过程中的价值观塑造和家国情怀的培养尤为重要。"红客精神"通过赋予"侠义"以新时代的意义，激发安全人才"天下兴亡，匹夫有责"的担当意识，"精忠报国"的爱国情怀和"国而忘家，公而忘私"的价值理念，将流淌在中华民族文化血脉中的"侠义"精神所体现的"为国为民、伸张正义"等正面因素与当代青年大学生个性张扬、思想独立，富有批判精神与创新热情等时代特点相结合，创新网络空间安全人才培养思想政治工作。

顺应当下数字媒体传播特点，成立"红客文化"推广工作室，用学生熟悉、喜爱的表达方式进行文化传播。苏晶全程参与并指导设计学院标识、院徽、形象公仔等一系列"红客符号"。通过有趣、好玩的"红客"文化衍生品进一步提升学生的学院归属感和文化认同感。组建团队连续3年组织编写口袋书《大侠，不是一个传说》，帮助新生开启专业学习之门。她通过在全院范围内组建以学生党员、入党积极分子、学生干部为核心的红客联盟，成立红客先锋、网络安全志愿者协会、学生资助管理会、网络安全科技社团（赛博协会）、心理辅导站（生命橙工作室）等多个学生组织，服务于不同的学生群体，在发挥优秀学生榜样示范作用的基础上，辐射、带动学院全体学生，一灯照隅，灯灯相映。

润物无声，蕴教育于活动

她将思想政治教育工作贯穿于学生活动，精心打造一个又一个有网络空间安全特色、有传承精神的学生活动。在活动的组织上，针对当代大学生的心理特点，强调仪式感、学生的参与感和师生互动方式的改变。

仪式感教育：通过打造具有网络空间安全特色的新生入学仪式、毕业典礼等，以更加生动的形式营造更加鲜活的情境感知，促成学院师生认同感的达成。以情感的共鸣实现道德伦理的教化，不断发挥仪式之情感共享与凝聚人心的积极作用。

网络安全志愿服务活动：创新"安全＋志愿服务"的工作思路，通过多方开拓，建立了多项针对网络安全人才的志愿服务项目。基于志愿服务平台，为学生搭建了服务社会、服务安全产业的平台，这对于增强学生的专业认知和社会责任感具有重要作用。同时，该平台培育了一支真正了解并且愿意为网络空间安全贡献力量的志愿者队伍。

"网安记忆"校友博物馆：在苏晶的发动下，2018年，杭电成立了"网安记忆"校友博物馆。通过征集、收藏凝聚着毕业生网络空间安全情愫和青春回忆的物品，挖掘身边网安人的成长故事，增强了师生间情感连接和情感共鸣。通过两年的积累，共收集了30余件有故事、有情感的藏品。此项目也得到了"教育之江"公众号平台的专题报道。

实践育人，以竞赛促学风

为了激发学生的专业学习兴趣，培养基础扎实、动手能力强的实操型安全人才，苏晶在搭建学科竞赛平台上下功夫，研究专业培养计划，通过对第二课堂专业元素的不断渗入，创新理论与实践互动方式。以举办院级的学生科技作品赛、"红客"创新项目为抓手，培养学生的科研兴趣，指导学生在"用中学"，促进知识的融会贯通和应用，以及自我学习能力、沟通表达等非专业能力的提高。以对学生的竞赛社团指导为抓手，培养了一批竞赛苗子。创造条件，鼓励本科生参与专业教师的科研团队，以竞赛、科研带动学院的整体学风建设。

搭建平台，以合作促发展

网络空间安全人才的培养离不开社会各界的积极参与，苏晶努力突破高校人才培养的壁垒，积极探索走出校园、寻求多方合作促发展的共建模式。

搭建"安全人才与人才安全"网安人才培养研讨平台：将"立德树人"与专业特点相结合，作为核心组织者在全国率先搭建"安全人才与人才安全"——高校网络空间安全人才培养思想政治工作研讨会这一全国性的交流、学习平台，受到了中央网信办、中共浙江省委网信办的高度肯定，成为国内网络空间安全人才培养的品牌活动。以会议为契机，开展工作研究，作为第一作者执笔完成《我国高校网络空间安全人才培养思想政治工作现状调研报告》，并提交省委网信办，获得高度评价和采纳。她以该研究报告为材料在第三届"强网杯"全国网络安全挑战赛、世界信息安全大会会议上做主题发言，使得"红客人才"培养的校外知名度和影响力持续提升。

校际合作：与长春大学网络空间安全学院、中国美术学院建立对口合作关系。突破单一学科局限，探索"安全＋思政""安全＋艺术"的多学科融合发展模式。

校企合作：与奇安信、360等多家知名安全企业签订人才培养项目合作协议，与安恒信息有限公司签订合作协议，共同打造"恒星班"培训品牌项目。为社会安全服务培养储备力量，组织学生参与各层级的"护网行动"。

党建合作：作为学院党建工作负责人，积极探索党建工作的新思路，让党建与学科同频共振。与驻浙江某部队开展支部共建活动，通过知识共享及资源互补，积极探索家国情怀教育的方式及载体，合作开展"不忘初心、牢记使命"主题教育，激发学生党员的爱国主义情感。

作为一位常年从事思政工作的教育者，她深知在网络空间安全人才的培养上，"德"是根本，"技"是手段，"心法"必先于"技法"。正如中华传统文化中所提倡的"宁可无武，不可无侠"，这应当成为青年人身上最重要的文化特质之一。2018年8月21日，习近平总书记在全国宣传思想工作会议上强调，"坚持文化自信是更基础、更广泛、更深厚的自信，是更基本、更深沉、更持久的力量"，"是做好宣传思想工作的根本遵循"。带着这份自信与力量，苏晶努力成为自己心中的"女侠"，并梦想引领更多的青年成为充满正义之光的"红侠客"。

"智勇双全"照前行

——何照清

何照清，男，现为管理学院学工办主任。工作10余年来，他坚守立德树人第一线，坚持走进宿舍与学生谈心谈话，曾坚守医院ICU病房十几个日夜看护学生。他慷慨解囊为经济困难学生支付打工路费，为244名学生购买防疫物资"充电包"，自创并手写近8万字战"疫"打油诗，央视《新闻周刊》予以报道，白岩松给他点赞。他有勇有谋，深入传销组织成功解救学生，捣毁传销窝点4处。他肩有担当，多次在学院辅导员缺岗缺编情况下"身兼数职"，不断切换身份和思维。他坚信学无止境，获首届省高校辅导员优秀博文一等奖。他坚持言传和身教相统一，做学生成长的知心人、守护者和好榜样。获得中央电视台《新闻周刊》2020年度全国新闻人物、浙江省高校辅导员年度人物、浙江省高校优秀共产党员、浙江省级优秀教师暨省高校优秀辅导员、杭州电子科技大学育人之星、优秀党务工作者、最受师生喜爱的书记等荣誉近20项。其工作事迹和育人成果多次得到中央电视台、《光明日报》、新华网、中国新闻网、《中国教育报》、《浙江日报》、《新华日报》、学习强国平台、《浙江教育报》等主流媒体报道。

十多年来，他怀揣对学生最真挚的关爱、对学生工作最赤诚的热爱，扎根一线辅导员岗位，用行动诠释着爱心、奉献与担当，以青春奋斗为青春导航，让这份爱不仅有温度，更有力度、深度。

筑牢信仰基石，做有声有色的思想"领航员"

用马克思主义擦亮青年学生的政治底色，创新思想教育引领形式，使学生成为心中有梦、眼里有光、脚下有路的时代新人，是新时代高校辅导员的神圣使命和责任担当。何照清始终牢记为党育人、为国育才的初心使命，牢牢抓住思想引领主线，聚焦党建引领，引导学生树立信心、认清优势，结合深入开展党史学习教育，将学生的学习热情转化为守好"红色根脉"、扛起建设"重要窗口"使命、推进高质量共同富裕示范区建设的强大动力，筑牢夯实青年学生思想之基。

让有信仰的人讲信仰。每每想到总书记这些殷切期望，何照清都备受鼓舞，充满使命感。在大学生党员发展对象培训班上，他与学生谈理想信念；在"形势与政策""毛泽东思想和中国特色社会主义理论体系概论"课上，他讲"四个意识""四个自信""两个维护"；在嘉兴南湖、浙江革命烈士纪念馆、五四宪法历史资料陈列馆等红色教育基地，他向学生讲述革命先辈的丰功伟绩，勉励学生珍惜今日之幸福生活，守好"红色根脉"。他也时常告诫自己要"敬畏讲台"，为达到更好的宣讲效果，他反复研读文献，用心推敲思路，精心挑选素材，用短视频、弹幕、微辩论等形式激起学生互动热情。

让有意义的事有意思。"要让有意义的事情变得有意思，就必须以新时代大学生喜欢的方式和他们对话，引导和陪伴他们成长成才，最终实现价值引领与思想引领。"何照清是这样说的，也是这样做的。

党史学习教育开展以来，作为学生党支部书记，何照清一直在思考和探索学党史的"新招""妙招"，思考如何让年轻人学得更加积极主动，更加深入高效。他抓住00后喜欢在网上活动、拥有较多文艺特长的特点，让学生自主选择用书法、绘画、板报、剪纸、舞蹈、朗诵、读书心得、观影感受等形式，采用了不受地点、方式限制，而又步调一致的网上快闪方式开展党史学习教育，支部近百名党员和入党积极分子的学党史快闪作品在微信朋友圈集中"闪现"，全部是和党史学习教育有关的主题，在杭电学生朋友圈瞬间"发光"刷屏，同学们称赞其为"管理红"。他联动浙江、江苏、广西三省（区）四校开设"实境云课"，杭州电子科技大学、浙江工商大学、苏州大学、广西师范大学等4所高校的4个师生党支部相约同时探访所在城市的红色基地，通过网络连线的方式共享探访学习成果，实现了一次跨越千里的云端打卡联动。运用数字媒体技术，打破高校党支部的空间隔阂，让历史场景、图画和文字同时在我们面前"活了起来"，构建了党史学习教育共同体。他还广泛发动学生打捞"沉没"的家族亲人革命事迹，从身边人入手，追溯革命、建设历史，收集家乡发生过的革命事迹，形成了一本包含11个"沉没"革命事迹，近100页的"党史事迹汇编"册子。通过活动，多名学生打捞出多个几乎"沉没"的家族亲人革命事迹，"重新认识了家族史"，都备感自豪。"将来我要把我们家祖辈的革命事迹传承给我的下一代。"参与打捞"沉没"革命事迹的学生宋建汶如是说。

他把看似宏大的主题化为身边事、身边理，用学生喜闻乐见的形式呈现出来，真切而生动地感染学生，学生参与的热情和积极性高涨，并转化为传承红色基因，守好"红色根脉"的强大动力和自觉行动。其党史学习教育工作事迹得到《光明日报》、新华网、中国新闻网、中国教育在线、《浙江日报》、《新华日报》、学习强国平台、《浙江教育报》、《八桂教育》等近50家主流媒体报道。

让有"故事"的脚步有力量。他的思想引领不止在课堂，更在脚下。他着力推进实践育人，鼓励学生走出校园，走向社会，用脚步丈量祖国大地。世界互联网大会、G20杭州峰会等已成为他带领学生服务社会的坚实路径。他深入推进志愿实践品牌"守得花儿开"暑期支教活动，呵护关爱偏远山区留守儿童15载，团队多次获评校社会实践十佳团队。他鼓励学生围绕数字经济发展，参加"挑战杯""互联网+"等学科竞赛，服务地方经济社会发展。他深知大学生"四个自信"形成离不开理论学习和情感体验，组织学生观看党史图片展，走进美丽乡村、社区企业……引导学生在学、思、践、悟、行中一步步完成思想的升华，真学、真信、真践行。学院学生每年平均志愿服务100余次，志愿服务时数累计逾1万小时，活动得到《钱江晚报》、腾讯视频、搜狐网等的专门报道，学院青年志愿者协会也获得第二届中国青年志愿服务项目大赛银奖等荣誉。

化育润泽心灵，做有情有义的暖心"陪伴人"

学生们来自不同地域，不同家庭，受教育程度、家庭条件、成长环境等都不尽相同，他们是一个个独特而富有个性的个体，每个人都值得教师认真对待、全心付出。如何让大学生更好更快地信任和接纳自己，做好他们的思想引领工作，是每个辅导员面临的共同命题。对此，何照清给出的回答是：共情，用真心换真情，用充满爱与智慧的陪伴温暖学生成长发展之路。

最长情的告白就是陪伴。他相信付出总有回报，付出越多回报也越丰厚。10余年来，他每天会和学生至少面对面沟通一次，每周要去一次学生宿舍，学生过生日他会送去祝福，他坚持24小时手机为学生开机，学生半夜生病，他能第一时间赶到把学生送到医院治疗……工作中，他一直在思考如何走进学生内心，打开学生心扉，让学生坦率真诚地与自己进行深度对话交流。他细心呵护每一名学生成长，刚做辅导员时曾入住学生公寓多年，因与所带学生年龄相差很小，加上机械类专业几乎是清一色的男生（其中4个班一共3名女生），所以沟通交流方便顺畅，每天都会与学生同吃、同住，一起打篮球、锻炼身体等，在朝夕相处中赢得了学生的信任。

最有效的方法回应关切。他坚持调研学生关心的社会热点问题，收集学生关注的校园话题，回应学生思想、学习和生活中的疑难困惑，例如解答学生选课、学分修读、考研、考公、出国等问题，向学生解读学校转专业和专业分流政策、资助政策；发动班委搜集共享期末考试复习资料，帮助学生分析期末考试成绩，激发学生学习热情和内生动力；开展生涯规划和就业能力提升指导；帮助纾解学生因疫情、恋爱、家庭变化等产生的经济困难问题、心理困扰等。10余年来不间断的关切诠释了责任与担当，也让他收获了满满的真心，很多腼腆、内向的学生也愿意主动与他畅谈，向他请教。可以说，他在解决学生实际需求的过程中点亮了无数个学生的成长之路。他所带的3届毕业班学生，初次就业率均在97.5%以上，部分学生已经在工作岗位崭露头角，成为单位领导和重要骨干。

最暖心的行动源于关爱。2020年新冠肺炎疫情期间，他自费为244名学生每人购置了一份防疫物资"充电包"，并自创防疫打油诗一首，用一周时间手写了近8万字送给所有学生，嘱咐他们做好疫情防护和学习生活。这一暖心事迹被中央电视台、中国新闻网、浙江卫视、《南方都市报》、澎湃新闻、梨视频等众多媒体报道，纷纷为他关爱学生的暖心情怀点赞，总浏览量超过1000万人次，仅梨视频单个媒体的单日浏览量就超过了100万人次，在国内引起强烈反响。2020年5月30日，由白岩松主持的中央电视台《新闻周刊》将其作为全国一周新闻人物，以《何照清：一笔一划的叮嘱》为题进行了一分多钟的报道。"没有想到，我的辅导员会为我们考虑这么多，我深切地感受到了来自老师的那份关心与温暖。"2019级学生毛一凡在疫情期间收到来自辅导员何照清的防疫物资"充电包"后如是说。

勇于担当作为，做有勇有谋的成长"守护者"

他是智勇双全的"处突员"。作为专职辅导员，他有勇有谋，尽心呵护学生成长，妥善处置多起学生突发危机事件。2012年底，学院一名学生遭遇车祸重度昏迷，他帮忙联系脑外科专家，协调解决转院和住院等有关事宜，安抚学生父母亲人，10多个日夜坚守在ICU病房看护，经过近1个月的努力，终于挽救了正处在花样年华的生命。

2015年12月，他的一个毕业班学生被同学骗进传销组织，人身安全受到限制，失去自由，尚沉浸在初为人父喜悦之中的何照清，在儿子出生尚未满月的情况下毅然选择暂离妻儿，赶赴台州临海找寻被骗学生。他冒着深冬严寒，每天早上5点多到深夜12点，不停穿梭于临海市古城区的角角落落，每天行走4万步以上，经常走到腿抽筋，其间还多次被传销组织内部"放羊人"盯梢，受到警告和威胁，处境非常危险。但严寒和危险扑灭不了他解救学生的热情，责任与担当给予了他精神的力量。终于，功夫不负有心人，经过仔细分析研判和四天三晚的斗智斗勇，他成功策反了传销组织内部1名成员，顺利解救出陷入传销组织的学生3名（含顺带解救的河北张家口1名女生、湖北黄冈1名男生），并捣毁传销窝点3处。在他的不懈努力下，被解救学生克服了学业和心理上的困难，当年已顺利毕业。他对工作有思考、有总结，博文《我与传销组织的四天三夜》详细记录了他的英勇事迹，被中国大学生在线、高校辅导员联盟等转载，一周内点击量达10万人次，成为全国辅导员工作热点。他还受聘担任教育部辅导员培训基地（浙江大学）兼职授课教师并多次做经验分享，指导武汉大学、浙江同济科技职业学院等院校成功解救陷入传销组织的学生。

他是担当作为的行动派。疫情发生以来，他主动申请当起了信息员、联络员，负责学院1700余名学生每日健康监测报送。他通过学院网站、"管理小 M"微信公众号和微信群等媒介积极发动学生学习科学防疫知识，主动疏导心理焦虑学生，及时发声辟谣，宣传党和国家政策，传播正能量。他负责学院所有境外学生的每日联系、健康提醒和生活关爱，为他们寄送口罩、护目镜等防疫物品。

他多次"临危受命"。2012 年上半年，在多名辅导员外派挂职、休产假和离职的情况下，入职不满 2 年的他带领 2 名入职不满 1 年的辅导员，毅然承担起所有学生的思想教育工作并出色完成任务，他所带的2012 届、2016 届、2019 届毕业生就业率均在 97.5% 以上，其中 2012 届毕业生的就业率更是高达 99.55%。2019 年至今，在学院副书记外派挂职、学工队伍大更换的情况下，他身兼数职，在多重角色中不断切换身份和思维，确保了学院学生工作的平稳有序，有创新、有亮点。

他是勤思力耕的好榜样。他坚持"在研究的状态下工作，在工作的基础上研究"，于是，他读了博士，发表了论文，申请了课题，2019 年被公派赴澳大利亚国立大学做访问学者。工作以来，他主持教育部人文社科研究专项课题、教育厅高校思政等课题 5 项，参与厅局级以上课题多项，在《思想教育研究》《学校党建与思想教育》等刊物上发表论文9 篇，疫情期间调研撰写了《疫情防控常态化背景下高校思想政治教育对策研究》咨询报告，提交给省教育厅作为对策参考。10 余年来，他坚持为学生讲授"形势与政策""大学生职业发展与就业指导"等课程，课时近 500 学时。借调教育部思政司工作期间，他谦虚好学，对国家教育方针、政策等更加熟悉，视野也更加开阔。他参与党的十九大重要保障期维稳信息综合研判、处置和报送工作，参加扫黑除恶、防范抵御渗透、传销活动专项整治等工作的检查督导，其间还撰写办理各类报告、函件、签报等 300 余件，编发有关专报通报 100 余期，办理全国人大、全国政协建议提案 10 余件。

他时刻保持一颗童心，用心用情用力呵护温暖着每一名学生的健康成长，用爱心浇灌，用真情感化，用智慧启迪，用人格熏陶，用理想塑造一个个充满希望与梦想的生命，引导他们争做堪当民族复兴大任的时代新人，实现人生理想。他始终按照习近平总书记"四有"好老师的标准严格要求自己，并深爱着自己从事的这份工作，默默耕耘，无怨无悔。

他所带的学生中，在省级以上"挑战杯"、"互联网+"、大学生机械设计竞赛、电子商务竞赛、经济管理案例大赛等活动中累计获奖超过300人次。所带学生作为主力在第14届"挑战杯"全国大学生课外学术科技作品竞赛中获得一等奖，平该赛事获奖等级校史纪录。所带2016届毕业生中有近70人被国内外院校录取为研究生，录取人数创学院纪录。他所带的学生有的选择继续深造投身科研，有的走向基层致力乡村振兴，有的以科技创业服务社会，还有的投身于高质量发展共同富裕示范区建设……他相信，这些学生就像火种，会照亮和带动更多青年学生，把青春奋斗融入时代主题！

以"昕"换心，育人不止

——省优辅导员曾昕

曾昕，男，现为电子信息学院辅导员。他坚守辅导员岗位18年，陪伴学生成长，倾情投入，创新发展。2018年7月获评校最受师生喜爱的书记并提名省新时代"千名好书记"。2018年9月被评为浙江省省级优秀教师暨浙江省高校优秀辅导员。

"曾老师，您是我大学的第一位老师，感谢您的教诲。""您帮助过我、改变了我，您永远都是我的老师。""曾昕工作室"的网站里，也都是学生的祝福。逢年过节，曾昕的手机都会被这样的短信塞满，他开心地收阅和回复着一条条来自在校学生和已毕业学生的祝福短信，收获着感动和幸福。正是这份教书育人的责任感和幸福感伴随他在辅导员岗位上走过了18年时光，使他深知这份平凡工作的神圣和无上价值，使他有信心不断地追求卓越。

曾昕毕业于重庆大学国际金融专业，他放弃了众多银行的优厚待遇，选择了辅导员这个职业，源于他对辅导员这个岗位的热爱和憧憬；他婉言谢绝了学校其他职能部门伸出的橄榄枝，继续坚守在辅导员岗位，源于对辅导员事业的忠诚和追求。从事辅导员工作的 6500 多个日日夜夜里，他围绕立德树人的根本任务，秉承"不让一个学生掉队，让更多学生出彩"的工作理念，倾情投入、醉心工作，凝心聚力、创新发展，用青春诠释着缤纷绚烂的正能量，为 1200 多名学生的成长成才加油蓄力、成就梦想。18 年来，他一直工作在思政教育第一线；18 年来，他一直陪伴学生成长；18 年来，他一直是学生心中最值得信赖的曾哥……

初心一片，牢固信仰，做学生坚定信念的领航人

曾昕一直担任学生党支部书记，甘做学生人生道路上的领航人。"青年一代有理想、有担当，国家就有前途，民族就有希望。"他坚持以总书记讲话为指引，扎根基层党建，默默奉献，培养有理想、有信仰、有担当的社会主义事业接班人。

他以身作则，时刻发挥好党员的先锋模范作用，无论是理论学习还是实践工作，始终坚持带头。他十分注重抓制度规范，在实践中完善党员发展三推制度、入党答辩制度、入党积极分子培养考核制度、入党谈话制度、党员信息跟踪制度等，规范党员发展程序，组织编订《电子信息学院党建规范》，指导学院学生党建工作。他非常注重抓学习教育，坚持给党员上党课、组织党员学习教育和开展各种实践活动。如开展了"与信仰对话""我的核心价值观"等主题教育，坚定学生的理想信念。他组织学生学习黄大年的先进事迹，教育学生们要把自己的人生奋斗和国家民族的事业结合起来。他利用华为事件，给学生们讲红船精神，讲中国自己的芯片研发之路，激励学生立大志，为中华民族的伟大复兴而读书。他利用形势政策课、党课、主题班会、党员会议等做好学生信仰教育，用言传身教坚定青年信仰。他还特别注重党员先锋模范作用的发挥，以党支部为阵地，通过成立电子信息党员学风督查队，给每个党员寝室挂牌，组建党员E青春宣讲团，组织优秀党员给其他学生上党课，促进党员先锋模范作用的发挥。

仁心一片，化育无声，做学生快乐成长的守护者

电子信息学院是杭州电子科技大学几个大院之一，学生规模大，学业压力重，学业困难多。对突发事故、身心疾病、学业困难等同学的帮扶和深度辅导，是曾昕辅导员工作的重要内容。他常说："第一时间的信息要掌握在辅导员手中。"在纷繁复杂的工作中精准研判、迅速决断，是他掌握的本领。保持 24 小时手机畅通，随时送学生去医院，处理学生安全、情感、涉法等各种突发事件，甚至深夜在钱塘江边寻找学生……多年来，他已习惯。他所做的一切都是为了学生，用心滋润学生成长、不让任何一个学生掉队是他的追求。他坚信爱可以叠加、可以延续、可以传递。18 年来，他用一颗真心默默滋润和守护着学生年轻的心。

大爱无疆，用心灵关爱生命旅程。他总把是学生的事情放在首位。一个学生不幸患上了胃癌，听到这个噩耗，曾昕非常痛苦，无法接受自己的学生生命即将消逝。他一边安慰家长，一边通过各种渠道筹集资金。他向学校申请特困补助，发动校内师生捐款 6 万余元，多次去医院、出租房中去看望陪护，最终该生还是因病情恶化去世了，他的亲属到校向曾昕、向学校表示感激之情。无比悲痛之余，他深刻感受到爱的力量可以让有限的生命延长，同时他更彻底体悟到这份育人事业的责任与价值。

无微不至，用爱心关怀困难学生。曾昕带的 2014 级的一个贫困学生，进校没几天就癫痫发作，他半夜将该生送到医院，陪护直到天亮。了解到该生高中阶段曾从寝室床上跌落导致做开颅手术，曾昕马上联系后勤部门，给该生换到了下铺，并在生活上给予这名学生无微不至的照顾和关心。暑假，他奔赴 200 多公里外的学生家中，了解情况，将困难补贴和学院的温暖送达。大学四年中，该生经常癫痫发作，每次曾昕都不辞辛苦地送医陪护，安慰学生、鼓励学生，学业上帮扶、生活中照顾，最终该生考上了西安电子科技大学硕士研究生。

春风化雨，专业呵护，做学生心理健康的诊疗师

大学生心理健康已经渐渐成为社会关注的焦点。为了做好学生的心

理疏导工作，曾昕参加了心理咨询师培训并顺利考取了国家二级心理咨询师证书。他曾担任学院心理辅导站的站长，在工作中善于发掘心理健康的源头，从而解决学生的心理困扰；善于对学生开展心理疏导工作，打开学生心结，使学生形成积极健康的心理。一名来自江西的学生，因为高考发挥不是很理想，进入大学时很失落，不能很好适应大学学习生活，一度想要退学。曾昕发现后，每周都找该生谈话，鼓励他，帮助他。在一个学期中，每周定期到学院的谈心吧谈心成为该生的生活习惯和依托。在曾昕的耐心帮助和鼓励下，该生慢慢找到了努力的方向，变得开朗和积极，成绩也突飞猛进。最终他在硕士研究生考试中以407分的优异成绩被上海交通大学录取。

细心的"曾哥"总是出现在学生最需要他的地方。快放假了，他会为学生购买火车票；学生病了，会抽出时间去陪伴生病的同学；学生失恋了，他会陪学生打开心结；学生迷茫了，他会和学生畅谈未来，为他们的实习就业四处奔走……曾昕总说："学生的成长是我的最大幸福。"而他，一直走在幸福的路上。

匠心一片，甘为人梯，做学生实现梦想的筑梦人

多年来，曾昕一直坚持实践为基，以躬行求真探索育人模式。他将社会实践工作作为学风建设、科技创新的基础，亲自带领实践团队赴省内各地开展社会调查，开拓建立暑期实践基地，使学生在社会实践中受教育、长才干。他所带的多个团队被评为社会实践优秀团队，他自己也多次获得社会实践优秀指导老师的荣誉称号。

他以创新为法，以协同育人助推梦想启航。他以大学生课外学术科技活动为平台，着力培养大学生的科技创新创业能力。他曾担任学院科技社团指导老师，组建科技社团，进行项目化管理，按照项目所有权性质不同，分为导师制、竞赛制、训练制进行管理，并从低年级学生做起，对新会员进行培训，开展课外科技竞赛，组织购买和租借大量仪器和元器件，为学生打造一个课外科技活动的平台。同时，以社团搭桥，联合浙江工商大学电子协会等6所高校的相关社团成立了下沙科技社团

联合会，担任指导老师，组织各校学生开展课外科技作品竞赛、科技作品巡展等活动。在他的努力下，无线电协会成为学院的学生科技创新基地，为学院的学生科研、竞赛输送了大量的人才。近年来，无线电协会培养的学生在学科竞赛中屡获优异成绩，获得国家级以上奖项近100项，省级以上奖项近300项。无线电协会也被评为校级优秀社团。

微芯孵化器社团是曾昕培育和指导的另外一个科技社团。他带的学生分别担任社团的会长、软件组组长和硬件组组长。他不断整合资源，与专业教师、研究所协同指导学生，培育实践成果向学术文章、科技创新作品转化。在他的努力下，微芯孵化器社团成果丰硕，被评为小平科技创新团队（全国50个，浙江省仅2个）。孵化器实验室的会长被保送电子科技大学，硬件组组长考取上海科技大学直博，硬件组组长获2017年度浙江省国家奖学金特别评审奖（全省10人），并入选《人民日报》国家奖学金获奖代表名录（全国100人），最终以第一名的成绩考取浙江大学研究生。

10余年来，曾昕一直在为学生搭建平台，甘为人梯，为学生实现梦想默默奉献。现在他所带的学生有的已经在麻省理工学院等名校拿到了博士学位，有的在清华大学担任博导、在浙大成为青年专家，有的在华为成为技术骨干。而曾昕还在以充沛的热情、笃定的情怀和扎实有效的规划，专注地投身在他所挚爱的这份事业中，用爱和智慧为学生的青春导航，用热情和实干为辅导员事业发展注入活力。

冰心一片，创新理念，做学生喜闻乐见的传道者

曾昕相信：辅导员的工作需要的不仅是辛勤和汗水，更需要不断创新工作方法和理念。他一直依托"互联网＋"模式，做有温度、有能量的引导者。他的硕士专业选择了软件工程，他会做网站、编微信，能开发微信公众号平台和小程序，甚至还在学习人工智能、深度学习等技术。而这些技术，曾昕只想用来为学生服务，为他们的成长成才服务。

十多年来，他一直坚守在网络思政教育新阵地，是学生眼中的"电子警察"，大学生热衷的网络工具他都愿意尝试。为了了解网游成瘾的原因，他几乎体验了所有流行的网络游戏，以至于他自己也成为游戏高手，带队参加教职工电竞比赛。时间、精力的投入让他慢慢走进网游成瘾学生的内心世界，以切实有效的方法帮助学生走出误区。

他是学生眼中的"大V"，善于利用新媒体进行党建思政工作。他的QQ、微博、个人网站、微信公众号平台等都建设成为学生所熟悉的"守望驿站"，他的个人网站"曾昕工作室"访问量超过11万人次，全力为学生的成长成才保驾护航。

他是学生眼中的"技术咖"。课后，他向学生传授网络技术，带着团队开发项目，目前正在开发一款基于深度学习的辅导员应答系统。该系统可以提高辅导员的工作效率，便于辅导员更好地为学生服务。

曾昕特别喜欢和学生在一起，他住过学生公寓，他的寝室经常门庭若市，学生都愿意和他一起玩。他是运动健将，作为学院教职工篮球队和乒乓球队的队长，他把思政工作的阵地扩展到运动场。他常说，没有什么问题是一场球解决不了的，如果有，那就再打一场。他是文艺青年，喜欢诗词歌赋，精通摄影，担任学校教职工摄影俱乐部负责人，课后带着学生玩摄影，从广角、长焦、无人机到后期PS，样样精通。他善于思考，参与多个省厅级课题，主持多个校级课题，曾获校党建思政论文二等奖、校博文大赛一等奖以及省辅导员案例大赛二等奖。

辅导员的情怀就是要彰显立德树人的教育理念，辅导员的内涵就是要体现高尚纯洁的人格魅力，辅导员的能力就是要提高聚力创新的职业本领，辅导员的担当就是要实现思政育人的神圣使命。辅导员工作需要爱，更需要爱的能力，他将在辅导员的工作岗位上继续前行，因为以"昕"换心，育人不止。

学生学习的引路人，生活中的知心人

——省优辅导员刘洋

刘洋，男，中共党员，首都师范大学博士研究生，现为人文艺术与数字媒体学院、法学院学工办主任。自 2009 年 7 月进入杭州电子科技大学担任辅导员以来，他工作认真勤勉，关爱学生，开拓思路力求创新。被评为 2020 年杭州电子科技大学"育人之星"。他积极探索，服务学生成长，所带 5 个班获评校先进班集体，3 人被评为十佳大学生，其中 1 人获省十佳大学生，1 人的事迹被《人民日报》等媒体报道，17 人获国家级科技竞赛一、二等奖。他受到师生的好评，工作考核 5 年获评优秀。他还被评为"三育人"先进个人，校优秀辅导员、优秀政工干部和公寓辅导员，心理健康教育、招生就业先进个人，等等。

勤勉敬业，全身心投入

就业工作是学生工作的重点和难点，在生命信息与仪器工程学院任职时，由于辅导员人手少、女同事休假等特殊原因，他连续 7 年带毕业班。面对学院 2008 级、2009 级连续 2 届专业分流学生和新专业毕业生，以及学生专业基础薄弱、就业困难学生多的实际情况，他积极采取措施促进就业。如：逐一修改学生简历，逐一与学生谈话，了解学生就业困难，介绍就业政策；引进专场招聘会，与学院领导一同走访企业建立就业基地，近年来共建 11 个基地；举办校友论坛，引进校友资源，促进就业；进行个性化帮扶，连续 7 个暑假留在学校，跟进就业困难学生。前期的工作和付出取得了学生的信任和可喜的成效，尽管其中 4 届学生都是半路接手，但他每年都保质保量完成就业指标。

新冠肺炎疫情防控期间，他负责全院 1845 名学生的跟踪，以及武汉、湖北、温州，满洲里、绥芬河和国外重点地区学生群体的精准排查，每天按时将排查、统计情况汇总上报学校；关爱学生身体健康状况和学习生活情况，叮嘱学生把身体健康放在首位，注意卫生，保重身体；督促学生进行网选课和网上听课学习，提醒学生停课不停学；对于家庭经济困难和存在心理问题的学生，给予困难补助，开通心理咨询热线，做好学生的心理疏导。

关爱学生，以学生为本

2012年，他入住学生公寓，始终以校为家。下班后，他经常到宿舍与学生聊天谈心，深入了解每位学生，帮助他们解决实际问题。始终把学生的事情当做自己的事情，为学生排忧解难，做学生学习的引路人、生活中的知心人。学生的电话、短信或微信和QQ留言，他始终第一时间回复，从不遗漏一条信息；对于经济困难学生，他想办法为他们匹配勤工助学岗位，或提供困难补助；对于学习态度不端正和存在心理问题的学生，他倾注大量心血，想尽办法帮助他们，不厌其烦地找他们聊天谈话，通过座谈、家访和电话等，与学生家长建立良好的互动。当遇到突发事件时，与学生和家长建立的信任关系，保障了棘手问题的妥善解决。学生董某，因患抑郁症，曾试图割腕自杀，他发现后及时进行心理安抚，并为他安排了勤工助学岗位，每天与他谈心交流，获得信任。该生最终顺利毕业，找到工作。

积极思考，创新工作思路

他注重学生创新精神和实践能力培养，指导成立了学生科协，组织新生参加综合技能培训，80%以上的学生参加了培训。学院还引入科技竞赛，超过1/3的学生可以参与各项竞赛。他建立了科技竞赛、科研培训和创新立项三位一体的学生科研机制。他注重学生人文素养的提升，成立党建管理委员，并开设"e先锋"党建工作坊微信公众号平台，推出《诵读时光》诵读栏目，打造线上线下思想政治教育阵地。强化对学生学业管理和帮助，组建学业管理委员会，及时做好学业相关信息共享和问题答疑；建立贫困生自主管理团队"恩知社"，举行励志教育大会、冬季送温暖活动、贫困生座谈会等，表达对贫困生的关心和爱护。疫情防控期间，他利用网络新媒体平台，邀请校友代表、教师和优秀学生创新开展"云团课""云党课"等主题活动。

喜欢"爱的折腾"

——别人家的"赫姐"李赫

李赫，女，中共党员，理学硕士，助教。团中央青年讲师团讲师、浙江团省委青年讲师团讲师、浙江省青年网络协会秘书长、浙江省朗诵协会成员、生涯规划师、高级茶艺师。现任杭州电子科技大学团委常委、宣传部部长，人文艺术与数字媒体学院、法学院团委书记，2017 级学生党支部书记，辅导员。2017 年入职以来勇于创新，疫情防控期间更是紧紧抓住网络短视频育人的风口创造了许多成绩，相关思想政治工作理念与方法多次被学习强国、共青团中央、新华网、光明网、人民网、中国青年网、中国教育在线、腾讯新闻等几十家媒体转发报道。获得杭州电子科技大学第八届辅导员素质能力大赛二等奖、最佳风采奖，杭州电子科技大学优秀政工干部等荣誉。主持参与省级、校级课题 5 项，公开发表论文 3 篇。

聚焦主业，善作善成，"辅"学生成长，积累超多经验

自 2017 年入职以来，所带学生类别多样，涵盖专升本学生、本科生和研究生；专业门类广泛，包括工科、理科、文科和艺术学科等。她还具有党建、团学、资助、就业和招生等多方面工作经验。现负责本科生班级 8 个（共 274 人）、研究生班级 3 个（共 50 人），已有 3 届毕业生。作为全校涵盖学科门类最多的学院，身为"万能侠"辅导员的李赫虽然工作时间仅有 3 年，但已积累了丰富的学生工作经验。

在理论学习方面，树牢"四个意识"，坚定"四个自信"，自觉做到"两个维护"。师德师风优良，能够坚持"四个相统一"，做"四有"好老师，当好学生"四个引路人"，积极带领支部学习新思想，争做新青年。个人曾获校微党课大赛一等奖并代表学校参加全省微党课大赛获得二等奖。所带党支部的学习强国学习积分在学院排名始终第一，团委考核均排名前 5 位，青年志愿者协会被评为先进社团，多个志愿服务基地被评为校级优秀。所带团支部每年均获得校十佳团支部、活力团支部，班级

连续获得先进班集体、社会实践十佳团队、"一二·九"合唱大赛特等奖等。她还面向学生骨干开设"青马逐梦"菁英班,培育新青年,课程涵盖思想政治素质、政策理论水平、创新能力、实践能力和组织力提升等多个板块,是校青马培训优秀组织单位,个人获校青马雏鹰班优秀指导教师荣誉称号。

在基础工作方面,工作再忙,她都能坚持每天谈心谈话3小时以上,3年来累计谈心谈话时间超过3200小时,更为学生制定个人成长轨迹档案,处理突发事件10余起。特别危急的一次是学生半夜突发精神疾病,她连续在精神病医院守护3天。这次事件处理快速,考虑全面,总结到位,被学校心理中心评价为"教科书"般的操作。入住学生公寓3年来,她创造性地设计了通过性格匹配新生宿舍、"花式查寝"等举措,举办"生日会",开辟深夜专栏《说出你的故事》线上平台,聆听青年声音。

在组织建设方面,坚持以服务青年、凝聚青年为目标。开设《与书记说说心里话》专栏,聆听青年声音,着力解决青年问题,每月举办"权维"论坛,共计解决问题3大项、98小项。她倡导以党建促团建、团建带班建,夯实基层组织建设,建立组织树,延伸工作触角。自担任支部书记以来,始终以身作则,积极投身志愿服务,多次参加大型赛事服务。曾获14届FINA世界游泳锦标赛志愿服务先进工作者、第6届世界互联网大会工作突出贡献个人等荣誉,还与浙江省青年创业学院共同打造数字化乡村治理志愿者联盟,为数字乡村发展精准赋能。

创新方法,善谋善为,"导"学生成才,创造超多可能

走进青年,帮扶青年,创设"少女成长计划""脱单计划""约拍计划"等学生工作三部曲助力学生成才。其中,"少女成长计划"旨在帮助理工院校女生提升自信,确立人生目标,活出精致人生。该计划设立学习快乐奖、超越自我奖、活得精彩奖,分别奖励绩点提升0.8以上,精通4种专业软件,开设个人自媒体账号且关注量和点击量均过万的学生,她还自掏腰包给学生购买奖品。"脱单计划"是为学生写个人藏头诗,为每名同学制作个人标语,了解名字背后故事,加强家校联动,全

方位了解学生。"约拍计划"是通过与学生约拍同款合体照，了解当前00后学生三观，贴合学生、了解学生、走进学生。考虑所带学生的复杂性且艺术类占多数的情况，她创新性地制作个人表情包，将刻板的说教转化为幽默风趣的表情包，拉近师生距离。学生常常在QQ空间、微信朋友圈向她"表白"。

她的工作理念与方法多次被共青团中央、新华网、光明网、人民网、中国青年网、中国教育在线、腾讯新闻等30余家媒体转发报道。所带学生累计获得国家级奖项51项、省级奖项126项、校级奖项无数。她积极为学校的学生组织和社团培育与输送人才，培养了校学生会主席、校社联负责人、校青协负责人等多个校级组织"掌门人"。所带学生中有23%在"互联网+"、大广赛、"挑战杯"、设计类竞赛中获得国家级、省级荣誉。

多方育人，至微至显，"员"学生成梦，取得超多成效

李赫牢牢抓住短视频风口，因事而化、因时而进、因势而新，改进工作方法。除了定期开设青马线下团课外，她还打通线上线下育人通道，开设"别人家的赫姐"微信公众号和短视频网络育人体系，首创《赫姐有聊》喜马拉雅音频和《赫姐时间》短视频，践行"三全育人"。疫情防控期间，作为团中央讲师团的一员，她用微宣讲的方式在云端与学生相约，解决学生问题。面对特殊时期就业困境，她线上帮扶毕业学生，第一时间发布各种就业相关信息，指导简历制作、传授面试技巧，缓解学生的心理焦虑等，助学生圆梦。所带研究生就业率每年均为100%，去向多为阿里、华为、大疆等，更有20%的毕业生读博深造。她打造"梦想工厂"，旨在帮扶就业学生，聘请知名校友和专业人才作为导师团，通过形象工程、内涵工程、售后工程等几大工程助力学生圆梦。

疫情防控期间，她原创的短视频打破常规，结合舞蹈、漫画、二次元、段子等元素，号召大学生"宅"家抗疫，作品包括《我们所在的地方叫做中国》《致敬"逆行者"》《宅家style，千万别出去》《七步洗手法》《是真的吗？》等，多部作品还被浙江省教育厅和团省委官方微博采用，全网累计点击关注量1000万人次以上。她结合学生所学专业，组建团队，突出专业优势，出品抗疫时期特别主题连载漫画，如《勇战疫情，我在行动》《返工须知》《关于病毒的那些事儿》《加油，中国》《致敬英雄》等作品，还结合新华社原创京剧MV《战荆楚》创作京剧壁纸。目前，这些漫画已被杭电官网、浙团省委、《杭州日报》、梨视频等多个平台转发，累计阅读量1500万人次以上。她开设特色云课程，主题包括"艺术抗疫""法律抗疫"等，用线上线下相结合的方式打通思政育人"最后一公里"。

当90后遇上00后，作为"别人家的辅导员"，赫姐用超能力创造了"青春1∞"的无穷可能。3年的辅导员工作虽然不长，但她已积累下超多经验，创造了超多可能，也取得了超多成效。她让辅导员工作更有"动静"，让更多的学生"敢于有梦，勇于追梦，勤于圆梦"，活出青春该有的样子。

第六章 STARS 学工文化之"专业化"

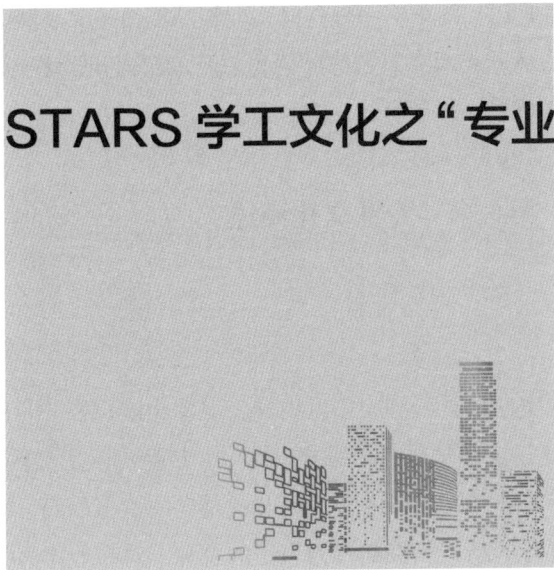

学工文化"专业化"，可以理解为辅导员队伍"专业化"。作为"中国高等学校的基层政治工作干部"，辅导员的工作职责是对学生进行思想政治教育，同时协调各方力量共同做好学生的思想政治工作。最初，高校辅导员队伍中不少人员为兼职，或由系科党组织挑选中青年党员教师兼任，或从高年级的学生中挑选合格的党员兼任低年级的学生政治辅导员。2006 年 6 月，教育部出台《普通高等学校辅导员队伍建设规定》，规定"辅导员是高等学校教师队伍和管理队伍的重要组成部分，具有教师和干部的双重身份。辅导员是开展大学生思想政治教育的骨干力量，是高校学生日常思想政治教育和管理工作的组织者、实施者和指导者。辅导员应当努力成为学生的人生导师和健康成长的知心朋友"。辅导员工作的特殊性要求辅导员具备较高的思想政治素质，可以在各种情况下有效引领大学生思想政治教育，使其在大学期间逐渐树立科学的人生观、世界观和价值观，同时具备扎实的专业知识技能，从而能够在大学生遇到学业、心理、就业等各方面问题时及时提供帮助。学工文化专业化，涉及"辅导员专业化"和"专业化的辅导员"两个层面，前者是指辅导员工作由非专业向专业的转变，特指辅导员职业向专业发展的过程；后者指达到专业标准的辅导员。本书所述的学工文化专业化，侧重前一种含义，即辅导员由不具备相关职业理念、技能、方法的"非专业"人员向具备开展大学生思想政治教育和管理工作基本素养的"专业化"的组织者、实施者、指导者转变的过程。

第一节　专业文化概述

一、专业文化的内涵

各类研究都给了文化以宽泛的外延和丰富的内涵，但文化最核心的东西是价值观念和行为准则。"专业文化是大学文化的子系统，是一个专业或专业大类里自身的组织文化，是师生围绕某个专业培养目标的实现而共同遵守的价值取向，是从事该专业教学研究的全体成员特有的精神风貌和行为习惯的总和，对专业中每一个人的行为形成潜移默化的指导与规范，从而将专业思想变为专业成员的自觉行为。"[①] 专业文化的发展是专业建设的灵魂，专业文化是一种不同于学科文化的大学亚文化，其既包括关于教学的理论成果，也包括教学的环境与氛围，还包括大学和教师的教学价值取向与行为方式。本书所述专业文化主要是指大学文化下的高校辅导员的专业文化，包括专业价值理想、专业知识技能、专业精神风貌等方面。

二、专业文化的核心要素

（一）专业价值理想

专业是职业发展的高级阶段，专业形成的标准之一正是价值理想的形成，因此专业的价值理想便成为专业文化的核心要素。价值在社会学属于关系范畴，是指客体能够满足主体需要的效益关系，是表示客体的属性和功能与主体需要间的一种效用、效益或效应关系的哲学范畴。基于一定的客观和主观条件，人们对于事物会形成价值判断和价值选择。理想信念作为一种精神现象，是人的心灵世界的核心，是人们的世界观、人生观和价值观在奋斗目标上的集中体现。专业共同体之间传递承接的价值理念、传统作风、使命追求、行为习惯以文化的符号体现出来，身上不可

---

① 张青. 论大学中的专业文化建设 [J]. 中国石油大学学报（社会科学版），2007（2）.

避免地承载专业文化的印记。高校辅导员队伍的专业价值理想主要体现在：首先要满足党和国家、社会发展以及学生成长的需要，其次要兼顾高校辅导员专业化发展的需要。高校辅导员队伍建设的价值理想定位可分为深层逻辑和现实逻辑两个层次：以人为本是高校辅导员队伍建设价值定位的深层逻辑，效能优化是高校辅导员队伍建设价值定位的现实逻辑。

（二）专业知识技能

专业知识技能是专业文化的重要因素之一。专业知识技能是指精通某一专业领域的知识与技能。专业知识技能获取需要长期的实践和学习，而且不同于一般的生存知识和技能。专业知识技能包括很多种，比如老师有自己的教学知识技能，医生有救治病人的知识技能，程序员有程序设计的知识技能。只有从事专业领域的人才会习得专业的知识与技能。

高校辅导员具备的专业知识应该是与思想政治教育高度相关的学科背景和知识体系，这是辅导员职业高度专业化的核心理论依据和首要前提。专业技能以辅导员的专业知识结构为依托，产生于辅导员思想政治教育的理论探索与工作实践，是辅导员日常工作水平的集中体现。辅导员的专业技能不是简单的经验积累，而是专业知识在实践中的发挥和创新。

（三）专业精神风貌

专业精神是在专业技能的基础上发展起来的一种对工作极其热爱和投入的品质。具有专业精神的人对工作有一种近乎疯狂的热爱，他们在工作的时候能够达到一种忘我的境界。专业精神分为硬、软两个方面：硬的方面是指在任何一个工作岗位所必须履行的职业功能；软的方面包含了建立在前者基础之上的职业道德、职业操守和奉献精神。[①] 专业精神形成的前提是：基于一定的专业知识和技能，能够对自己所从事的工作有着精深的学习与孜孜不倦的研究，并且在原有知识基础上不断地学习与创新，超越一般的技术水准。

专业精神与职业精神表面相似，实则不同。职业精神普遍适用于该职业中的所有人，是一项基本要求。专业精神则不然，是对从业者的更高要求，也可适用于未就业之人。高校辅导员作为一项职业已经基本达到要求，但是高校辅导员的专业化和

---

① 马大建.校长成长 教师成长 [M].郑州：大象出版社，2015.

配比仍有所欠缺。据教育部《普通高等学校辅导员队伍建设规定》，辅导员可以被描述为大学生的"思想导航员"和"贴心服务员"，对学生的思想引领起到至关重要的作用。因此，高校辅导员培养专业精神、树立专业意识，关系到学生的发展、教育的未来。

三、专业文化的现实特点

（一）专业文化引领化

专业文化首先是大学校园文化的分支，它自身带有大学文化的特点。大学文化同时是社会文化的重要组成内容，并在社会文化中扮演着十分重要的角色，具有独特的功能和作用。回顾历史，可以清楚地看出，自有大学起，人类思维的每一次惊心动魄的革命性进展，大多以大学文化的勃兴为其源泉，以大学文化的引领为其动力。从欧洲的文艺复兴和工业革命，到我国的五四新文化运动，我们国家正在积极推进经济体制改革和产业结构调整，全面实施科教兴国和人才强国战略，致力于创新型国家建设，在全社会大力弘扬和加快建设创新文化已成为十分迫切的战略任务。面对这样的形势，如何进一步加强大学文化建设，更好地发挥大学的文化引领功能，需要引起高度重视。专业文化具有的前沿性形成社会行业文化的先导，引领经济社会发展。专业文化还会发挥专业性的文化属性，能够营造专业领域的文化氛围，达到专业文化引领人的目的。

（二）专业文化特色化

"专业文化建设就要立足专业特质来营造专业氛围，通过文化那种'润物细无声'的熏陶作用来潜移默化地影响学生，从而助推专业培养目标的实现。"[①] 因此，专业特质是专业文化建设的核心和立足点，彰显专业特质是专业文化建设的归宿，没有以专业特质为核心的专业文化建设无异于空中楼阁。专业文化必须在专业建设中起到主导作用，在专业设计过程中，逐步培养学生活动组织能力、合作能力、语言表达能力、沟通能力等综合素质，使学生在形成对专业的高度认同感的同时，最大限度地实现自身价值。优质的专业文化有助于学生职业精神的养成和塑造，进而增强学生的职业认同感。

---

① 上官敬芝，王冬冬，王启万. 高校专业文化建设的原则与路径探析 [J]. 教育探索，2016（11）.

（三）专业文化过程化

专业文化建设是一个长期积累的过程，不可能一蹴而就。一方面，文化的形成本身就是一个循序渐进的演化过程，优秀文化传统更是长期传承和创新的结果。对专业文化建设而言，要根据时代发展对精神文化的内涵不断进行挖掘，对制度文化的内容不断加以充实和完善，对物质文化的载体和表现形式不断创新，从而形成"设计—运行—反馈—提升"的良性循环。另一方面，专业文化对广大师生行为的指向作用和对专业建设的引领作用的发挥也是一个缓慢的过程，从外化于行到内化于心，从自发自觉到习惯养成，都会有一定的反复，需要一定的时间。因此，专业文化建设一定要长期坚持，不断宣传，反复强化，这样才能取得实在的效果。[①]

（四）专业文化开放化

在当今社会，大学的专业建设已经走出了象牙塔，专业文化在一定程度上会吸引优秀的文化。目前在大学中被广泛采纳的案例教学、师生的社会实践都证明了教育对行业文化、企业文化一定程度上的吸收。由于大学校园的特殊性，专业文化不是对社会行业文化的简单依存和适应。专业文化倡导先进的专业理念，激励师生在学科知识的探索中将当前行业需求与长远发展相结合，将行业发展的现在和未来相结合，不断汲取新的、有价值的文化成果，提升人与职业和谐发展的能力，促进行业进步。

四、专业文化的功能审视

（一）专业文化的育人功能

专业文化不仅包括专业领域内有形的实体所蕴含的外显文化，还包括专业共同体的价值观所蕴含的隐形文化，而这种文化具有思想政治教育功能。文化育人的内涵不是单一的，它具有用社会主义先进文化培育人、在渐进的文化过程中培育人、从人的价值观念和理想信仰层面培育人三重内涵。立德树人是高校立身之本，高职院校作为高等教育的重要组成部分，必须坚持立德树人的核心理念不动摇。根据高职院校学生"理论学习能力弱，动手实践能力强"的特点，充分发挥校企二元协同育人优势，挖掘企业优质德育资源，在"大思政"育人模式下，积极构建专业文化，不

---

① 陈艳芳，宁岩鹏. 高校思想政治教育生态论研究 [M]. 秦皇岛：燕山大学出版社，2019.

仅有助于提升学生的综合素养，而且将教育的显性功能与隐性功能充分融合，构建"德行"与"技艺"并驾齐驱的良好局面。高校辅导员在高校人才培养中承担着大学生日常思想政治教育和管理工作的职业使命，要教育和引导大学生以马克思主义理论武装头脑，源源不断地为大学生输送正能量。

（二）专业文化的课程提升功能

专业文化是专业建设之魂，而课程是专业的骨架，课程的参与者是专业的血肉。从大学文化的角度看，专业与课程同为大学物质文化的主要内涵，而专业文化是大学精神文化的主要内涵，它们都是大学文化的重要组成部分。物质文化决定精神生活，是精神生活的支撑，精神生活的发展则对物质文化有引导作用。专业文化对课程的建设同样起着重要的导向作用。一是建立与时俱进的课程理念。专业文化能够将立德树人的教育理念贯穿于学习知识文化的全过程，注重教师素养与环境氛围对学生的熏陶作用，培养学生的自我认知能力和价值观，使学生能够对自己的人格有正确的认知。二是建构网状课程体系。专业文化的融入，可以将以学科为主导的层状，转为更加注重专业文化课的网状。专业文化课可以体现专业的本质属性，可以将知识与能力的桥梁建构起来。"专业文化课是'纲'，其他课程是'目'，纲举目才能张。"[1] 三是注重价值文化的课程评价。课程评价主要是考评课程质量，在操作层面，注重课程评价的主体即课程的接受者和实施者。学生作为接受者，会注重自己在课程中的体验。学生的满意度和价值取向已经成为课程评价的重点。对教师而言，自身的专业文化水平直接关系到课程的开展，总之，专业文化的建设对课程的影响贯穿在课程提升的全过程。

（三）专业文化的教师发展功能

教学专业文化对于大学教学的品质与旨趣具有决定性的影响，是影响大学教学形态与教学效果的重要因素。长期以来，我国大学并没有意识到教学专业文化的重要性，在教学问题上缺少专业文化意识，简单化地对待和处理教学问题；教师也往往以保守、落后的眼光看待大学教学，将从事教学工作看作备课、上课、考试等程序性工作，固守传统的教学模式。教学专业文化往往从属于学科文化，缺少相对独立的地位和影响力。教学专业文化的不彰，导致大学教学的中心地位得不到落实，教

---

① 王增学，张淑芳.专业文化引领下的课程建设研究：以应用型本科为例 [J].大学教育，2017（3）.

学工作被边缘化，教师对教学的投入也得不到保障，人才培养质量的基础不牢固。建设内涵丰富、凝聚力和感召力强大、影响深远的教学专业文化，是我国大学陶铸文化精神、提高办学品位的必由之路。[①]

（四）专业文化的校园文化生态构建功能

专业文化是大学文化的载体。专业文化不仅体现了不同专业的特点，也成为校园文化多姿多彩的构成要素。校园文化是否和谐、是否体现高校的人文内涵，关键在于专业文化建设水平。只有将专业文化建设与校园文化建设统一步调，才能培养出品学兼备的合格人才。具有较高的办学水平、鲜明的办学特色、较好的办学效益和较大的社会影响力的学校，其专业文化往往会成为校园文化的核心内容，对校园文化建设具有重要影响和深远意义。杭电通过"爱专业、爱职业"主题教育、校园文化技能节、"致能"大讲坛等校园活动，营造环境文化，优化学习氛围，实现专业文化的渗透，促进学生学习兴趣的内化，维持其学习动力。

第二节　专业文化的杭电足迹

从 2004 年的中央 16 号文件开始，国家和教育主管部门针对高校辅导员队伍建设明确提出职业化、专业化、专家化的发展目标。适应新形势下大学生教育、管理和服务日益专业化的需要，高校辅导员队伍建设进入了确立独立职业地位、培养专业化及专家化人才的良性发展轨道。

杭电逐步建立起多层次、专业化的辅导员培训体系，对辅导员进行专业化培养，着力提高队伍的专业水平和职业能力。构建岗前培训、日常培训、专题培训、职业化培训"四种类型横向贯通"，教学、科研、交流"三位一体"的高校辅导员培训体系，通过培训，使辅导员明确职业发展目标，激发职业发展潜能，提高职业能力，提升队伍的整体素质和可持续发展能力。杭电秉承全员性与骨干性相结合、系统性与有效性相结合、多样性与灵活性相结合、封闭性与开放性相结合、长期性与发展性相结合的原则，全面推进辅导员专业化队伍建设。

---

① 别敦荣，李家新 . 大学教师教学发展中心的性质与功能 [J].复旦教育论坛，2014（4）.

一、夯实理论基础，深化辅导员专业化能力

（一）加深理论专题的研究力

思想政治教育兼具政治性和人文性。一方面，要从思想政治教育的起源、内容、方式、载体等多个角度深化研究；另一方面，要研究思想政治教育同青年学生成长发展需要的一致性，探索政治教育活动同青年学生学习生活实践的内在关联，把握思想政治教育内容与青年学生全面发展需求的内在同构性。新时代背景下，辅导员学深悟透习近平新时代中国特色社会主义思想中所蕴含的丰富理论和科学方法，对引领大学生正确认识世界和中国发展大势，认识时代责任和历史使命具有极为重要的现实意义。

杭电学工团队扎实推进理论研究，探索思政教育规律。具体包括：马克思主义理论知识、中共党史、党的十八大精神等核心层次的知识，思想政治教育理论与方法体系等中间层次的知识，哲学、社会学、教育学、心理学、政治学以及初步了解所带学生专业知识架构等外围层次的知识。核心层次知识能够帮助辅导员明确工作的方向，中间层次的知识能够帮助辅导员提升专业水平，外围层次的知识体系能帮助辅导员提升科学素养。为此，一要引导辅导员树立终身学习的理念，培养辅导员的理论素养。引导辅导员将工作中形成的个别的、具体的经验材料上升为普遍而严谨的理论知识，关键在于培养辅导员的抽象能力和归纳能力。二要培养辅导员工作经验生成的能力。引导辅导员将工作中形成的对工作内容、工作方法等的一些表象认识总结为初步的工作经验，加强对辅导员敏锐的观察力、适应能力以及应对能力的培养。三要培养辅导员的工作反思能力。引导辅导员对已生成的经验进行反思提炼，关键在于培养辅导员的思考能力、联想能力、经验提纯能力。

构建学习机制，夯实辅导员理论基础。邀请专家为辅导员做专项培训，选送辅导员参加专业机构培训或到辅导员研修基地学习，举办辅导员论坛、辅导员午间沙龙等专题讨论，组织辅导员读书会等，强化辅导员理论学习。鼓励符合条件的辅导员在不影响工作的前提下继续深造，为其提供在职攻读思政专业博士学位的机会。鼓励辅导员加强交流，组织辅导员工作室成员内部交流、工作室间相互交流、与兄弟院校定期交流，选派优秀辅导员赴国（境）外考察学习，鼓励辅导员赴延安培训学院学习、参加"育人强师"全员培训，进一步坚定理想信念，提升理论素养。

构建研究机制，畅通辅导员发展道路。设立辅导员启航课题、德育中心研究课题、思政类课题、党建（团建）类课题、就业指导类课题、教育研究类课题等，开展辅导员优秀论文征集与评比，为辅导员提升学术研究水平、专业化发展水平奠定基础。鼓励辅导员根据职业发展方向参与科研，不仅要体现辅导员个人的特长，更要发挥团队的作用。学校鼓励并组织辅导员结成科研团队，选择感兴趣的课题共同开展调查研究，分工合作，合力完成科研任务。这为辅导员走"实践—研究型"职业发展道路搭建了平台，为高校交流辅导员队伍建设经验提供了途径，为思想政治教育战线及时掌握政策导向、总结鲜活经验提供了契机。

（二）提升思政话语的引领力

全媒体时代，思想政治教育话语在拥有全新的传播工具与话语场域的同时，也遭遇了空前的挑战。辅导员要主动适应时代，使思想政治教育话语方式因时而进，思想政治教育话语内容因势而新，思想政治教育方式因事而化，通过言传身教，对青年学生产生价值引导力、思想引领力，提升思想政治教育的接受度，不断优化网络语境下青年学生的诉求表达方式、社会参与方式。

二、构建实践机制，提升辅导员专业化探索动力

（一）教育能力培养

在对辅导员进行系统的工作知识培训的基础上，重点培养辅导员更新知识与指导学生学习的能力，对学生进行世界观、人生观、价值观教育的能力，指导大学生提升生活价值感的能力和培养大学生公民精神的能力，引导大学生心理健康发展的能力，对大学生进行职业生涯规划的能力，利用和创设环境对大学生进行因势利导的能力。

构建讲课机制，鼓励辅导员登上讲台。从事学生思想政治教育相关工作的专兼职辅导员、心理健康教育与咨询中心等单位相关专业技术人员可评聘学生思想政治教育讲师等职务；支持辅导员兼课讲授"思想道德修养与法律基础"，担任"形势与政策"课程助教，让辅导员承担一定的教学任务，积累教学经验。

围绕领导力教育、创业项目路演、演讲和辩论、职业规划、礼仪形象提升等实践内容，让辅导员将自身所学运用到日常教育管理中，激发辅导员进一步研究探索的动力，为辅导员成为研究者奠定坚实基础。建立辅导员学术导师制度，通过学术导师与辅导员结对，引领和帮助辅导员进行深入研究。鼓励辅导员自主设计课程，组织辅导员工作室成员共同打磨第二课堂系列课程、编写相关教案，帮助辅导员尽快成长。

（二）组织管理能力培养

辅导员组织管理能力的培养包括以下内容：（1）贯彻素质教育精神，关心学生成才和发展。采取灵活多样、行之有效的形式，大力开展课外科技、社团和文体活动。（2）认真抓好学生骨干队伍建设。加强学生干部队伍建设，认真做好各类学生干部的选拔培养、教育管理工作，充分发挥学生干部的带头作用。（3）认真抓好新生的团学会纳新工作，确保更多有能力的同学得到充分锻炼。（4）注重班级和宿舍文化、文明氛围建设，指导学生班级和宿舍开展争先创优活动，把学生班级和宿舍建设成为团结向上、积极进取，充满朝气和活力的集体。（5）坚持不懈地对学生进行法治教育和道德教育，提高学生的文明自律意识和法治观念，引导学生注重个人修养，养成良好的生活作风和习惯，自觉遵守法律、法规和学院规章制度，积极维护社会和校园秩序，做一名高素质、高技能的合格大学生。（6）全面负责学生信息库建设，切实做好综合测评，确保公开、公平、公正。（7）认真做好奖（助）学金、三好学生、优秀学生干部等评优及奖励工作，及时表彰先进，大力培养入党积极分子。（8）加强毕业生教育，积极开展就业指导，大力开拓就业渠道，努力提高一次性就业率。（9）加强对学生进行安全教育，提高学生安全意识和防范能力，维护学生的生命财产安全。一旦发生突发事件，要反应迅速，正确引导，妥善处理。

（三）开拓创新能力培养

辅导员开拓创新能力的培养，关键在于为辅导员营造积极向上、和谐、尊重的工作氛围，鼓励辅导员在工作中敢于创新、勇于创新。当今思想政治教育的主体受众已经悄然变成了05后，这给思想政治教育工作带来了新的挑战，需要迎"新"而上，不断创新，大力弘扬与时俱进、锐意进取、勤于探索、勇于实践的改革创新精神。思想政治教育，是关乎成长的教育，大学生思想政治教育不应该是单向的灌输说教，而应该是双向互动。每一次组织学生活动，一定要创新思维，想办法让学生们愿意听、愿意看、愿意做、愿意想。只有激发学生的内生动力，才能唱响思政教育的主旋律。

三、强化制度保障，完善辅导员专业化队伍建设

（一）管理机制

杭电将辅导员的所有关系全部纳入学工部，由学工部统一对辅导员进行集中管理。对辅导员的职业发展进行管理主要表现在：提升辅导员做好学生工作的思想素质、政治素质、道德素质、心理素质、知识水平；对辅导员的职业发展做好定岗、定职、定级、分流发展的合理引导与规划。

杭电严格遵循辅导员管理的各项制度政策，明确和规范了辅导员的选聘、培养、考核、发展等问题。一是建立辅导员选聘准入制度，按教育部规定比例 1：200 或高于此比例（如 1：180 或 1：150）足额配备辅导员，采用笔试与面试相结合的方式公正公平选聘。二是构建专兼职相结合的辅导员队伍，兼职辅导员由本校青年教师或机关工作人员担任，推动全员育人工作目标的实现。三是结合学校实际，不断创新辅导员选聘方式，采取面向社会公开招聘、储备人才库等方式广纳贤才担任辅导员，尤其在储备人才库的建设中，已探索出符合本校思想政治教育特色的人才储备和培养模式。四是结合实际，为班级配备政治素质过硬、人品好、学术水平高、责任心强的专业教师担任班主任，以导师的形式配合辅导员工作。

（二）激励机制

激励机制主要是为辅导员内在需求与动机的实现创造条件，使辅导员最大限度地提高学生工作的有效性与实效性。对辅导员进行精神激励的具体途径有：鼓励辅导员在职攻读学位、组织辅导员外出学习考察、授予辅导员相应的荣誉称号等。

以评促提，规范辅导员职业执行力。将职业执行力的提升作为高效率开展辅导员工作的有效手段。一是以辅导员能力要求为基本准绳和政策依据，结合学校办学特色，构建科学合理的辅导员职业能力评价体系，规范辅导员职业能力考评机制，以考核评价结果作为辅导员职级、职位晋升的重要参考。二是引导辅导员将自身优势与辅导员九大职业功能相结合，明确具体的专业化职业发展方向，让其术业有专攻，使其工作更加得心应手，从而提高工作效率。三是为辅导员提供良好的学习与工作环境，并且明确职责分工，学校各部门积极支持和配合辅导员落实工作，为提

升辅导员职业执行力提供有力保障。

以奖促提，提高辅导员职业认同感。职业认同感的提升是职业能力提升的重要前提，辅导员只有真正认同其职业价值，才能生发提升职业能力的能动性，增强培养创新人才的责任感和使命感。一是优化辅导员激励机制，根据工作量、工作年限、工作成效等酌情进行奖励，同时畅通其职务晋升渠道。二是搭建好辅导员与学校各部门沟通交流的平台，让辅导员参与到学校有关重大制度和决策的讨论中，以培养辅导员的主人翁意识，从而增强辅导员的职业认同感。三是加大对辅导员的奖励力度，针对各种职业功能设置评优评奖项目，如学业指导先进个人、网络思想政治教育先进个人、心理健康教育先进个人等。

（三）考核机制

高校辅导员的考评机制就是根据一定的考核原则、方法和程序，对辅导员进行考察和评价的机制。科学的考评机制必须以辅导员业务能力和工作业绩为导向，遵循大学生思想政治教育特点与规律。通过考核可以了解和掌握辅导员的才能和水平，可以对辅导员的工作作出客观公平的评价，从而起到鼓励先进、鞭策后进的激励作用。同时，考核的结果也为辅导员的奖励、培训、转岗、晋升提供了可靠的依据。

确定考核指标内容。辅导员考核指标内容的确定以官方文件精神及高校育人目标为指导，以科学分析辅导员工作特点为前提。辅导员绩效考评指标包括德、能、勤、绩、廉等五个一级指标，这些一级指标涵盖职业素质、思想政治教育、学生组织建设、学生事务管理、维护校园稳定特色和创新工作等具体内容。

平时考核要与年终考核相结合。考核是一个动态连续的过程，要以平时考核为基础，将平时考核和年终考核结合起来，对辅导员做全面的考核评价。杭电要求每位辅导员做好工作记录和工作总结，作为平时考核和年终考核的依据，使辅导员及时发现工作中的不足并及时改进工作。

注重考核结果的反馈。从表面上看，对辅导员的考核是对辅导员在过去一段时间里的工作表现和工作绩效的总结，但考核的真正目的是着眼于辅导员队伍未来绩效的提高。杭电及时将考评结果的反馈给辅导员，帮助辅导员正确认识自身工作的优势和不足，以此促进辅导员个体及团队的发展。同时，辅导员可以借此机会向上级反映工作中遇到的问题与困难，上级也能针对辅导员的工作提出具体整改的意见与建议。对于在工作中表现出色的辅导员，要及时给予肯定和鼓励；对于考核不合格的辅导员，要通过负强化的方法及时进行纠正和引导。

第三节 学工团队专业化的杭电经验

学工团队专业化的总体目标是通过全面推进学校辅导员队伍专业化建设，基本形成符合辅导员成长成才规律、规范科学的辅导员培训培养机制，基本构建起内容完善、形式多样、科学合理的辅导员专业化成长成才体系，形成一批专业化素质过硬的辅导员队伍，打造一支政治强、业务精、纪律严、作风正的高水平学生工作队伍。杭电现有辅导员 116 人，其中博士学位 5 人，教授 2 人，副教授 6 人，中级职称 37 人。2019 年，卓越学院党委副书记胡海滨获评全国高校辅导员年度人物；2021年，管理学院辅导员何照清获全国辅导员年度人物提名奖。诸多成就彰显了杭电学工团队专业化发展的成果。

一、制定辅导员准入标准

辅导员起点的高低，关系到辅导员队伍的整体素质和队伍建设的起始水准及后续发展潜力。因此，杭电严把"入口关"，不断完善辅导员选配机制，针对辅导员选聘工作制定了《杭州电子科技大学辅导员岗位设置与聘用实施细则》。按照系（院）学生人数、专业结构、人才培养目标需要，科学设置专职辅导员工作岗位。明确规定由学校党委进行辅导员的选聘工作，由各学院的领导，组织部、学工处、人事处等部门领导组成辅导员选拔工作领导小组，从校外应聘的优秀应届博士、硕士毕业生中确定可聘任人选，再由辅导员聘任小组按"双向选择"原则和工作需要从中确定辅导员聘任人选。严格合理的辅导员选聘机制，保证了辅导员队伍的人员素质和能力水平。近年来，杭电辅导员配备逐步到位，专业化能力显著增强。

（一）严把政治关

辅导员的根本职责是做好学生的思想政治工作，鲜明的政治性是辅导员的根本属性，必须把旗帜鲜明讲政治作为对辅导员的最根本要求，全面科学考察辅导员是否增强"四个意识"、坚定"四个自信"、做到"两个维护"，是否严守党的政治纪律。

（二）落实重要要求

杭电对标"政治要强、情怀要深、思维要新、视野要广、自律要严、人格要正"重要要求选聘配备辅导员，引导辅导员充分认识落实立德树人根本任务的重大责任和光荣使命，聚焦"辅"以助手、"导"以航向、"员"以职责的主责主业，成为学生成长成才的引路人。

（三）适应发展需要

为支撑学校高质量发展，杭电注重优化辅导员队伍结构，吸纳优秀思政课教师、管理人员和其他专业课教师担任专职辅导员，聘请优秀研究生和校内外各领域专业人才担任兼职辅导员，打造一支理论功底扎实、工作能力突出的高素质专兼职辅导员队伍，形成协同育人的合力。

二、畅通辅导员职业发展路径

面对新时代的新环境和新要求，深化高校辅导员队伍建设，推动辅导员队伍的专业化、职业化发展，必须回归到辅导员所从事的思想政治工作本身，从教育对象、职业发展以及高校辅导员工作实践等方面寻找队伍成长发展的内生动力，实现辅导员队伍的良性发展和整体提高。对辅导员而言，如果能把专业化发展与自身的优势、与自己的可持续发展结合起来，无疑能极大调动工作潜能、激发工作的主动性和创造性。

（一）校院两级管理

杭电对辅导员队伍实行校院两级管理。学校层面由"校辅导员队伍建设工作领导小组"统一负责辅导员队伍建设工作。党委组织部、人事处负责辅导员的选聘、考核、职级晋升等，党委宣传部负责辅导员的政治理论学习和相关思想政治课的教学协调等工作，学生工作处、研究生工作处负责辅导员队伍的日常管理、工作指导和业务培训等，校团委负责指导辅导员开展校园文化、社会实践等活动。学院对辅导员进行直接领导和管理。

（二）双线晋升机制

辅导员的发展空间畅通，是推进辅导员专业化、职业化和可持续发展的重要条件。学校探索实施辅导员的双线晋升机制，强化辅导员作为教师和干部的双重身份，落实双重待遇，实现专业技术职务和行政职级双线晋升。

1. 双重身份

杭电把辅导员纳入统一的教师职称系列，制定了《杭州电子科技大学思想政治教育系列教师专业技术职务评聘条例》，成立了专门的学生思想政治教育系列教师职称评审机构，每年按期组织辅导员的教师职称评审。在评审中，既坚持学术标准，又注重工作实绩，保证辅导员专业技术职务有序晋升。近年来，辅导员队伍中2人获得正高级职称，12人获得副高级职称。

2. 择优选拔

杭电把专职辅导员队伍作为党政后备干部培养和选拔的重要来源，向教学、科研、管理岗位输送或推荐，拓展辅导员的发展空间和专业化发展方向。优秀辅导员根据学校的聘任条件可以选拔为学生党支部书记、院团总支书记、学院学工班主任、学院党委副书记等。专业技术辅导员的发展和聘用，参考助教、讲师、副教授、教授等职称系列条件。对中级及以下技术职务的评聘侧重考察工作实绩。辅导员工作满三年符合行政任职资格可转岗。杭电选拔领导干部非常重视辅导员工作经历，学校学生工作相关中层干部一般具有三年及以上辅导员工作经历。依据"双线晋升"的政策，在辅导员职称和行政级别两方面同时晋升，就高享受待遇，从而充分调动学校辅导员队伍的积极性和主动性。

3. 合理分流

合理的流动机制对于保持辅导员队伍的活跃性、积极性是很有必要的。对于政治素质过硬、工作成果突出的辅导员，杭电根据干部选派需要提拔到其他行政管理岗位，使他们更好地为学校、为学生服务；对于想继续深造、有一定学术基础和能力的辅导员，学校鼓励和支持他们报考定向委培硕士（博士），毕业后回校继续参加相关工作；对于有意愿从事思想政治教育科研工作的辅导员，学校支持他们在符合相关要求的情况下从事科研工作；对于不适合担任辅导员工作的人员，及时进行调整，将他们调配到相关服务部门从事管理类工作。学校鼓励思政工作人员和思政教师通过兼聘、转岗的方式进行双向流动。已有2名辅导员在学校政策的指引下，通过教学试讲、专家组推荐、人力资源委员会等学院和学校层面的人才引进流程成功转岗，正式成为杭电马克思主义学院的教师，实现了思政辅导员向思政教师的转变。

三、强化辅导员工作考核

通过考核，学校可以了解辅导员的才能和水平，对辅导员的工作作出客观公正的评价，从而更有针对性地鼓励先进、鞭策后进。同时，考核结果可以作为辅导员奖励、培训、转岗、晋升的可靠依据。

考核是一个动态连续的过程，要以平时考核为基础，将平时考核和年终考核结合起来，对辅导员作出全面的考核评价。杭电要求每位辅导员平时做好工作记录和工作总结，作为平时考核和年终考核的依据，使辅导员及时发现工作中的不足并及时改进工作。根据《关于进一步深化校内管理体制和运行机制改革的意见》（杭电办〔2019〕106号）文件精神，成立"杭州电子科技大学学院思想政治与学生工作考评小组"，由党委宣传部（党委教师工作部）、教务处、党委学工部、党委研工部、招就处、资源保障部、保卫处、团委、工会等职能部门负责人组成，负责考评工作的具体实施。

四、健全辅导员培训体系

杭电根据教育部、省教育厅的指导，充分发挥作为浙江省网络思政中心、易班中心的优势，逐步建立起多层次、多样化的辅导员专业化培训体系，提高辅导员队伍的专业水平和职业能力。从横向看，杭电辅导员专业化培训体系涵盖岗前培训、职业化培训、专题培训、日常培训与交流；从内容看，杭电辅导员专业化培训体系融教学、科研、交流于一体。

（一）全方位开展培训

1. 岗前培训

为帮助新辅导员尽快适应工作，杭电制定并推出《杭州电子科技大学辅导员导师制实施办法》，从熟悉学生工作，具有丰富的高等教育管理工作经验，并有较强指导能力的中层干部中选聘导师，对新进辅导员采取为期一年的多种形式培养。通过岗前培训，持续提升辅导员队伍的综合素质，形成源源不断的后备军，为将来承担更艰巨的工作任务做好准备。

2. 职业化培训

杭电选派辅导员参加国家行政学院培训、教育部辅导员骨干研修基地、延安党务干部培训班、井冈山学生工作实践培训班、新入职辅导员岗前培训等系列培训，选拔学生工作干部、辅导员分赴美国、澳大利亚等国家进行学习与培训。近几年，杭电先后选拔50余名中层干部、辅导员赴境外学习研修，选派12人参加全国高校辅导员骨干培训班，组织近百人次参加校外专题培训研修班，开展校内集中培训20余场。

3. 专题培训

杭电以建设思政工作坊的方式推进辅导员的集体学习，制定《杭州电子科技大学思政工作坊建设办法》，围绕"三全育人"构建以学生工作中心为载体的辅导员专业化队伍建设模式。举办学生工作集中学习会、新入职辅导员培训沙龙，全方位拓宽辅导员工作视野，提高辅导员工作能力；建设工作室，把学生工作细分为思想政治教育、大学生党建工作、学生事务管理、心理健康教育、职业生涯规划、网络思政等模块，分层分类推进。近年来，杭电支持和培育了30个辅导员工作室，让辅导员在团队发展中同步提升职业能力。

4. 日常培训与交流

组织校际学工队伍交流、兄弟学院之间定期交流、辅导员工作室成员内部交流、工作室之间深入交流；邀请全国高校辅导员年度人物和优秀辅导员代表来校交流，引导辅导员学思行悟，不断提升育人能力；组织辅导员参加校内外各类专题培训和技能提升研修班，如职业规划类、心理危机类、网络思政类等。通过系统深入的培训工作，辅导员的专业水平和职业能力不断提高。目前，杭电的一线辅导员中，共40余人获得了全国职业指导师、创业咨询师和心理咨询师等资格证书。

（二）加强培训工作管理

为进一步完善辅导员培训管理工作制度，杭电试行辅导员培训学习积分制。将培训项目分为必修课和选修课，依托网络思政辅导员信息管理系统，探索建立集学习、反思、创新实践于一体的专业化学习分享平台，建立辅导员基础数据库、培训学习积分台账和辅导员个性化发展档案，作为辅导员培训、考核、科研等管理的主要依据，将辅导员参加学习培训的积分情况纳入辅导员年度考核和成长指数，全面反映辅导员学习、工作和专业成长情况。

五、支持辅导员学历提升与学术研究水平提升

杭电秉承全员性与骨干性相结合、系统性与有效性相结合、多样性与灵活性相结合、封闭性与开放性相结合、长期性与发展性相结合的原则，全面推进辅导员专业化队伍建设，鼓励辅导员提升学历、开展学术研究。

（一）鼓励辅导员学历提升

杭电制定了《杭州电子科技大学辅导员在职攻读博士学位暂行办法》，鼓励符合条件的辅导员在不影响工作的前提下继续深造，为辅导员提供在职攻读思想政治专业、教育学博士学位的机会。

（二）搭建学工团队研究体系

学校组织设立思想政治类课题、党建（团建）类课题、就业指导类课题、网络思政类课题、教育研究类课题等，鼓励辅导员积极申报，并鼓励辅导员根据自己的研究兴趣和科研基础组建团队；开展辅导员优秀论文、工作案例的征集与评比；组织辅导员编写网络思想政治教育专著，总结杭电网络思政、"三全育人"成果；推广教育科研成果，为辅导员提升学术研究水平、提高理论水平，朝着专业化方向发展奠定基础。辅导员在日常工作中总结形成的科学理论，反过来可以指导育人实践，为自身和辅导员职业群体提供一定的理论引导和可借鉴、可利用的先进经验，从而有效解决育人过程中的实际问题。

（三）推动工作成果转化

辅导员工作的成果转化既是一种理论积累，也是一种实践探索，理论和实践相互促进有助于实现思想政治教育内涵式发展，不断提升大学生思想政治教育科学化水平。目前，杭电辅导员队伍共推出专著8本、论文100余篇，申报国家级课题2项、教育部等省部级课题10余项。

思想政治工作是一门科学，具有时代性、实践性、规律性。高校辅导员的工作成果转化要善于把握理论研究和实践探索的前沿问题，聚焦实践发展过程中的重点、难点、热点问题。面对数字原住民00后，辅导员必须善于总结、善于积累，善于在日常工作保持一份职业敏感和探索的习惯，在改进工作的同时形成理性的认识，最终形成具有特色的教育智慧。以杭电网络思政研究团队为例，学工团队密切关注网

络思政工作中出现的新情况、新场景，重点推进10个典型应用实施精准思政，以数据赋能学生事务管理精准化，以小程序助推协同育人的大合力，迭代升级"上课啦"等应用系统，构建"大学工"数字化生态。组建杭电精准思政学工数字化工作专班，包括"智慧党建""成长指数—奖学金评定""我爱数理化""新学工系统—精准资助系统""迎新系统""精准安全""疫情防控系统"等工作组。总结网络思政工作实践，形成"以'最多跑一次'为切入，构建服务育人全过程的网络思政平台""以精准思政大数据一体化平台建设为载体，构建多跨协同集成创新的系统育人场景"2个课题，成功入选教育部高校思想政治工作精品项目（学校3年内连续2次入选该项目）。

六、搭建辅导员职业素质能力提升平台

杭电将辅导员职业能力提升作为高效率开展辅导员工作的有效手段。以《高等学校辅导员职业能力标准》为基本准绳和政策依据，结合学校办学特色，构建科学合理的辅导员职业能力评价体系，规范辅导员职业能力考评机制，以考核评价结果作为辅导员职级、职位晋升的重要参考。引导辅导员将自身优势与辅导员九大职业功能相结合，明确职业发展方向，做到"术业有专攻"。

（一）搭建教育教学平台

杭电明确要求中级及以上职称辅导员的教学工作量，职称晋升具有明确的授课任务要求。从两个方面落实辅导员的教学要求：由教务处与学生工作处、"两课"教研部协调，每年组织辅导员为大学生讲授"形势与政策""大学生生涯规划与就业指导"等课程和其他文化素质类选修课程；由大学生心理健康教育中心、大学生就业指导中心统筹，组织辅导员以担任心理健康教育、就业指导、生涯辅导等任课教师的形式，承担相关课程教学任务；鼓励辅导员积极开设与学生教育相关的讲座；等等。此外，学校组织力量编写《辅导员工作指导手册》，对全校辅导员基本的工作流程进行规范化指导。紧紧围绕立德树人根本任务，以"共建、共享、共融"为建设思路，构建了特色鲜明、功能互补、多方联动的思想政治教育体系。

（二）搭建能力提升实训平台

在辅导员的实训方面，学校构建了跨专业、多领域、立体化的学习体系。连续组织9届杭州电子科技大学辅导员素质能力大赛，培养了一批综合素质高、专业技

能强的辅导员。各级各类平台的搭建，为辅导员的职业发展提供了舞台，一系列荣誉和成绩的取得也更加调动了辅导员奋发进取、踏实工作的积极性，有助于辅导员专业化、职业化和可持续发展。组织辅导员理论宣讲团参加党史学习教育、微课大赛、党团课大赛等，举办辅导员主题班会观摩；开展"守正书院"辅导员读书会、辅导员论坛、"立德立言立行"辅导员学习论坛、生涯规划沙龙、心理健康教育案例大会等，营造良好的学习氛围。

（三）搭建工作锻炼平台

辅导员在学生工作一线承担了繁重的工作任务，包括：抓党建、团建工作，带学生骨干队伍；协调班主任工作，推进学风建设；开辟第二课堂，处理学生事务；开展健康教育、解困助学、就业服务、社会实践；帮助学生制定和实施大学生涯规划，为学生健康成长全面护航引路；等等。做好这些工作不仅需要全面的能力与才干，更需要忘我的奉献精神。在学生教育管理工作中，杭电强化"带队伍"意识，通过给辅导"压担子"，引导他们在实践中提升能力。正是在这样的锻炼和考验中，辅导员学会了理解、沟通、协调，懂得了教育的真谛，综合素质得到很大提高。学校在对辅导员提出严格要求的同时，从多方面关心他们的思想、学习、工作和生活，指导和帮助他们规划职业生涯，形成了辅导员队伍稳定、有序、多元分流的职业发展机制。对于具备担任领导职务条件的辅导员，学校在干部调整时，根据实际情况将其提任到相应的领导岗位；对于聘期届满且表现优秀的辅导员，学校根据工作需要和辅导员个人意愿，或支持他们继续从事学生教育管理工作，或鼓励他们攻读学位，或安排他们转入教学科研管理岗位。该机制确保了辅导员队伍有进有出、职业前景明朗。

七、开拓辅导员多元实践交流途径

辅导员挂职锻炼工作，能开阔视野、丰富阅历，提升队伍的整体素质；能较好地挖掘社会资源，使学校与地方、企业建立起稳定与友好的合作关系；能更加了解社会需求变化，为学校深化教学改革、提高人才培养质量提供依据。

杭电根据教育部加强高校辅导员队伍建设、提高辅导员服务基层意识与能力、加强高校辅导员基层实践锻炼的要求，积极落实辅导员基层实践挂职锻炼工作。参加实践锻炼的辅导员由党委组织部、人事处、党委学工部、招生就业处和各学院共同选拔并负责管理。辅导员挂职锻炼期间，学工部、招生就业处负责协调落实辅导员的工作相关事宜，各学院定期了解辅导员实践锻炼期间的思想、工作和生活情况，支持他们做好工作。辅导员在实践锻炼期间，保留学校的编制与职务，工资、津贴、奖金及其他福利待遇不变，工作补贴参照学校挂职补贴办法执行。

杭电为辅导员到基层锻炼搭建平台、提供机会。推进辅导员国内高校交流研修，落实辅导员在相关岗位参与 3 ~ 6 个月工作，加强辅导员省内高校挂职交流，通过省内不同学校之间辅导员互派挂职的方式实现校际的学习和经验交流，共同探索学生工作理念、方法和有效途径。选派辅导员到县、乡、村挂职锻炼，担任农村指导员。为增强辅导员的社会实践能力和工作有效性，为学生就业创业提供有效的资源和信息，选派辅导员到企业挂职，搭建企业与学校之间工作交流的桥梁。目前，学校累计派出各类辅导员挂职实践锻炼 20 余人次。此外，学校积极组织辅导员到爱国主义教育基地和国防教育基地、城市社区、农村乡镇、工矿企业、驻地部队、社会服务机构等开展社会考察和假期实践，深入了解国情、民情、社情；广泛组织辅导员假期家访，切实了解学生实际需求。

八、实施人文关怀，激发辅导员内生动力

辅导员是开展大学生思想政治教育的骨干力量，是高校学生思政教育和管理工作的组织者、实施者、指导者，也是学生成长成才的人生导师和健康生活的知心朋友，是学校思想政治工作的生力军，这些人的工作状态直接影响到学生的成长成才。让这支队伍朝气蓬勃、具有战斗力，是高校思想政治教育工作取得实效的关键。

每个校园都是一个场域，都有一定的场域文化，虽然无形却又实际存在、能够被感知。我国传统文化强调个人对集体的归属感和集体对个人的关爱与情感支持，学校不仅是一个工作场域，还是为个人发展搭建广阔平台、提供温暖的场域。在辅导员管理和培养过程中遵循情感规律，实施情感管理，有利于激发辅导员的工作热情，预防心理问题的出现。杭电持续推进人文空间建设，为辅导员提供放松心情、舒缓压力的场所，打造了守正书院、心理咨询室、心理发泄室、运动场地及各类茶吧，举办新入职辅导员沙龙、辅导员午间沙龙、团体辅导，让辅导员感受到学校大家庭的温暖。

第七章　**STARS 学工文化的未来展望**

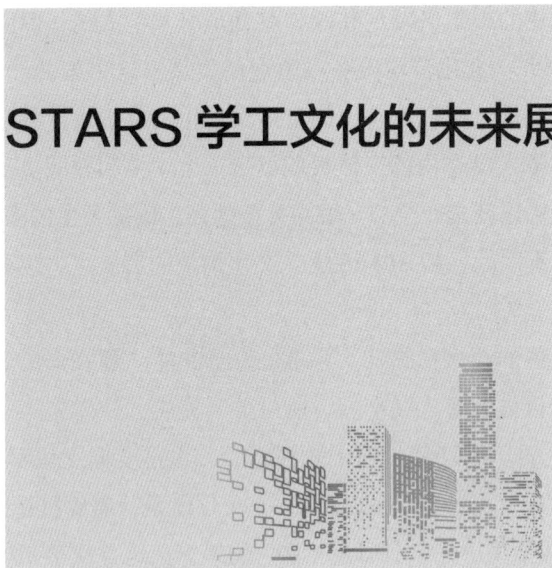

第一节　STARS 学工文化的构建原则

文化的构建需要依据一定的原则，以确保其科学性。杭电 STARS 学工文化的建构要立足于服务、团队、欣赏、责任和专业化本身，坚持"群星灿烂"的育人文化理念，把握好以人为本、发展创新、统筹协调和因地制宜等四个原则。

一、以人为本的原则

以人为本是马克思主义的核心价值观。它把人的福祉作为价值取向，关注人所拥有的权利，尊重人所拥有的尊严，把人的幸福作为根本的出发点和落脚点，把人的根本利益作为衡量行为的尺度。同时，强调人民群众是历史的创造者，要依靠人民群众开展生产劳动，创造财富价值，实现人的自由全面发展。

STARS 学工文化构建要坚持以人为本的原则。习近平总书记指出："检验我们一切工作的成效，最终都要看人民是否真正得到了实惠，人民生活是否真正得到了改善，这是坚持立党为公、执政为民的本质要求，是党和人民事业不断发展的重要保证。"①STARS 学工文化构建的根本出发点和落脚点就是服务于人民，保障学校人才培养、科学研究、社会服务、文化传承等各项事业的发展。这里面的"人民"既指包含本科生、硕士研究生、博士研究生在内的全体大学生，也指包含教师、研究员、行政管理人员和后勤保障人员在内的全体教职员工。大学生和教职员工都是学校的主体。STARS 学工文化构建就是要全心全意服务于他们，维护师生的根本利益。这是杭电全体学工人员的根本宗旨，是 STARS 学工文化构建的启航点，也是最终的归宿。

师生员工是学校改革发展的动力和源泉。毛泽东曾经讲过："要在人民群众那里学得知识，制定政策，然后再去教育人民群众。所以要当先生，就得先当学生，没有一个教师不是先当过学生的。而且就是当了教师之后，也还要向人民群众学习，了解自己学生的情况。"②打造杭电特色的 STARS 学工文化体系，需要打造"一切为了师生，一切依靠师生""从师生中来，到师生中去"的理念。这是从事学生工作的主要路径，也是重要的方式方法。STARS 学工文化构建需要得到广大师生的支持，特别是得到全体辅导员和广大学生的支持。没有师生的支持，STARS 学工文化是无法构建的，即使构建了，也无法实现长期发展和传承。STARS 学工文化构建需要相信师生的智慧和力量，向广大师生学习，从他们身上汲取无穷的智慧和力量，激发广大辅导员和大学生的积极性和内在潜能，共同打造具有杭电特色的 STARS 学工文化体系。

因此，开展学生工作，需要保持正确的工作态度、积极的心理状态，走好群众路线。特别是要走进教室、寝室、实验室，甚至是餐厅、报告厅等一线，听取广大师生的意见和建议。要建立意见反馈机制，如通过信箱、留言簿等多种形式，让师生的建议得到充分表达。同时，党员干部要发挥先锋模范作用，以优良的工作作风，保持奋发有为的工作状态，尽心竭力地回应师生的意见和建议，积极采纳好的建议，做出行动，形成杭电 STARS 学工文化建设工作的闭环。

以人为本的原则还要助推学生和教师自由全面发展。因此，开展 STARS 学工文化建设就是要尊重师生、关心师生、理解师生。STARS 学工文化的建设过程，就是

---

① 习近平.在党的十八届一中全会上的讲话（2013 年 11 月 15 日）[J].求是，2013（1）.

② 毛泽东文集（第 8 卷）[M].北京：人民出版社，1999：324.

肩负为党育人、为国育才的责任，建设专业化的学工团队，用欣赏的态度开展服务，为师生自由全面发展做好保障工作的过程。这是依靠师生开展师生服务的过程，是师生在锻炼中不断成长提升的过程，也是携手促进师生自由全面发展的过程。从高校的实际看，这一过程，主要是着眼于满足师生精神文化生活的需要、着眼于促进师生综合素质提高的过程。其最终的目的是：教职工工作幸福，综合素养提升；学生成长成才，成为新时代中国特色社会主义现代化建设的合格建设者和可靠接班人。

二、创新发展的原则

党的十八届五中全会指出："破解发展难题，厚植发展优势，必须牢固树立并切实贯彻创新、协调、绿色、开放、共享的发展理念。这是关系我国发展全局的一场深刻变革。"创新发展已经被列为党领导全国改革发展的首要发展理念。这是全局性的、系统性的、纲领性的发展要求，也是学工文化建设的重要原则。

创新发展的原则要求我们以马克思主义理论为指导。构建STARS学工文化归根到底就是要为党育人、为国育才，为中国特色社会主义事业培养合格建设者和可靠接班人；要把马克思主义意识形态话语体系融入新时代高校思想政治教育工作中，坚持马克思主义理论和中国特色社会主义思想对高校意识形态领域的领导权，通过不同形式创新性地开展社会主义核心价值观教育，努力弘扬传统美德，发扬新时代中国精神，通过宣传教育，把优秀的精神文化理念融入大学生思想政治教育之中。杭电STARS学工文化建设，就是要努力开展丰富多彩的学生活动，营造积极的校园文化氛围，使大学生坚定马克思主义信仰，坚定中国特色社会主义道路自信、理论自信、制度自信、文化自信，牢固树立正确的世界观、人生观和价值观。

创新发展的原则要求师生传承过去优秀的经验和做法。我们国家从古至今都非常注重文化的传承，在过去几千年的灿烂文化中汲取中华民族智慧的结晶，为现代的社会经济文化发展服务。从某种程度上说，没有文化的传承，也就难以做到文化的创新。文化的创新要以文化的传承为前提。多年来，杭电学生工作积累了丰富的经验，打造了一批学工文化品牌。特别是打造了德育品牌"一院一品"，校园内的育人项目呈现出百花齐放的良好局面。例如，机械工程学院打造了"机械达人秀，创意服务行"德育品牌项目。项目以"科学·创新创意校园行"为主线，贯彻"机械达人"系列竞赛和形式多样的社会服务文化活动，集科学、创意、设计、制作、展示、交流于一体，形成"走出去、引进来，对内参与、对外交流"模式，学生科技作品走进中小学、进入杭州文化创意产业博览会，做到"学思并重、知行合一"。项目在提升学生专业能力、服务社会的过程中，关注学生思想品德的教育引导，增强学生创新意识、实践能力和社会责任感。会计学院打造了"对话校友，共促成长"德育工作品牌。以"校友参与助力专业学习和生涯规划""校友捐赠助力学子求学之路""校友推荐助力实习就业"和"校友故事助力培育家国情怀"为主线开展，为同学们搭建校内外专家的指导平台。活动紧跟会计学术前沿动态，领略会计学问，激发广大会计学子争先创优精神。会计学院还开展了"财经老总校友论坛""共话人才培养质量""人才素质与职业规划""规划未来""青年校友交流会""社会领军人才交流会"等系列活动。

创新发展的原则要求师生在思想上树立创新意识。在这个"大众创业，万众创新"的时代，高校所承担的人才培养、科学研究、文化传承和社会服务等重要职能，都需要运用创新思维和发展理念来开展具体的工作。STARS 学工文化建设是杭电作为省重点建设高校开展的特色文化建设，是人才培养和思想政治教育的重要组成部分。因此，必须在校园内积极营造创新发展的文化氛围，引导师生认识创新的重要性、思考创新的价值、学会创新的本领。美国麻省理工学院知名科学家尼古拉斯·尼葛洛庞帝（Nicholas Negroponte）对于创新发展曾这样阐述："创新如何发生？新想法源自何方？最通常的答案是：提供良好的教育体制，鼓励不同的观点，培养协作精神。"STARS 学工文化建设就是要为师生的创新发展提供良好的教育体制和教育环境，鼓励师生不断思考新问题、新方法，勇于探索和革新技术，培养团队协作精神，实现创新发展的目标。

创新发展的原则要求师生深入开展创新实践。认识世界的基础就是实践。只有深入地开展实践活动，认识世界、改造世界才有现实的可能性。杭电努力构建STARS 学工文化，就是要坚持"群星灿烂"的育人文化理念，致力于服务、团队、欣赏、责任和专业化五个方面的生动实践，为学生成长成才服务，为教职工全面发展服务，为学校"双一流"建设服务。具体来说，一是要致力于打造全心全意为师生服务的理念，在服务的实践中，进一步改善创新的方式、技能和方法，把创新的思想融入于服务师生的具体实践中。二是要打造创新型团队，不仅在思想上用创新理念武装团队所有成员，而且要在具体的实践中，鼓舞团队成员创新开展行动，总结经验和做法。提升工作的能力和水平。三是要在实践中创新工作的方式方法。用欣赏型探究取代原来的"诊断—治疗"学生管理模式，增强学工团队的工作责任心，不断提升学工团队的专业化水平。

三、统筹协调的原则

统筹兼顾是中国共产党的一个科学方法论，其哲学内涵就是马克思主义辩证法。而协调发展是中国共产党提出的破解发展难题、厚植发展优势、推进社会进步的重要理念。对于高校而言，其四大主要职能之人才培养、科学研究、社会服务和文化传承都需要借助有效的统筹和协调充分发挥。

统筹协调的原则要求明确目标、绘制蓝图。统筹协调的根本目的就是根据组织的实际情况，解决组织内部存在的矛盾，使组织内每一个部门和单位及成员，根据组织的既定目标和蓝图共同努力。因此，制定目标、绘制工作蓝图是开展具体工作的前提和基础。STARS学工文化建设首先就要制定清晰的建设目标，即通过不断践行"服务、团队、欣赏、责任、专业化"的学生工作标准，打造具备"简单、正直、有书卷气"品质的辅导员队伍，努力营造"讲诚信、知廉耻、求真知"的校园文化氛围，重点培养"有情怀、有本领、有品位"的当代大学生。通过STARS育人理念实践，让辅导员成为学生心目中最闪亮的启明星，让学生成为辅导员心目中最美好的文曲星。归根到底，就是为党和国家培养具有远大的共产主义理想，德智体美劳全面发展的中国特色社会主义合格建设者和接班人，不断推进高校教育现代化，办好人民满意的高等教育。

统筹协调的原则要求加强领导、分工合作。拥有强有力的领导团队才能使工作深入而有效地推进。STARS学工文化建设必须在学校党委和行政部门的领导下，组建坚强有力的领导团队，建立校领导为组长，学工和研工部门负责人为副组长，二级学院学生工作负责人为成员的建设团队。同时，对每一个子项目的工作进行分工，明确每一个成员的责任；加强学校部门与部门之间的沟通协调，搭建学校部门与二级学院之间的协作桥梁，定期进行工作交流和问题研究，为高校学工文化建设提供杭电样板。

统筹协调的原则要求信息共享、互利互补。高校教育管理过程中，每个部门和单位都掌握着不同的信息和资源。要统筹协调完成单位目标任务，很重要的一个方面就是在合适的时间和合适的地点，把不同部门和学院所掌握的信息分享给彼此。STARS 学工文化建设需要每一个部门和学院独立开展信息的搜集、整理和处理。同时，在开展服务、打造团队，用欣赏的眼光，以高度的责任感，开展专业化的学生管理工作的过程中，要做到资源、信息共享。例如，教务部门、学工部门拥有全校学生的基本信息，但是二级学院拥有所在学院的每一个学生的具体信息，包括个人学习的状态、参与社会实践的表现、家庭的具体情况等等，只有两者之间在合适的时间，根据 STARS 学工文化建设的需要进行信息的共享，才能有效开展学生管理工作，为学生成长成才保驾护航，为教师和学校发展做出积极的贡献。

统筹协调的原则要求把解决实际问题与文化打造相结合。STARS 学工文化建设的根本目的和出发点是服务师生，保障学校人才培养、科学研究、社会服务、文化传承等各项事业的发展。服务、团队、欣赏、责任和专业化的文化建设，都需要聚焦于具体问题的解决。大学生在校内成长成才遇到的各类问题，辅导员成长发展中产生的各种困惑，学工系统招生就业工作中面临的各类难题，都是以 STARS 学工文化为载体、为理念得以解决的。在解决具体的问题中，学工团队不断积累经验和做法，提炼精神和价值，进一步丰富和提升 STARS 学工文化建设的内涵，形成文化建设与实际工作有效融合、协同推进的良好局面。

四、因地制宜的原则

教育信息化是国家信息化发展整体战略中的重要组成部分，是教育现代化的基本内涵和显著特征之一，是"教育现代化 2035"的重点内容和重要标志。杭州电子科技大学是一所电子信息特色突出，经管学科优势明显，工、理、经、管、文、法、艺等多学科相互渗透的教学研究型大学。根据因地制宜的原则打造学工文化，需要充分利用禀赋优势，打造具有特色的学工文化体系。

当代大学生是伴随互联网的发展而成长的一代人，网络已经成为他们的生活方式。提升大学生思想政治教育的针对性、实效性和吸引力、感染力，是提升人才培养质量的基础和关键环节。从大学生思想政治教育的特点与规律出发，通过构建数字化工作平台，汇集、运用和创造数据，实现精准施策，形成实时反馈和过程优化的工作体系，从而达成工作效能的倍增，这是构建智慧思政体系的出发点和目标，也是杭电 STARS 学工文化建设的一个重要着力点。

因地制宜的原则就是要根据杭电特色，用数字赋能思想政治教育工作，利用信息化手段开展STARS学工文化建设，用数字化、信息化手段助推服务质量的提高、团队能力的提升，用欣赏和鼓励的手段增强辅导员的专业化能力和责任担当意识。以杭电精准思政平台建设为例，多年来，杭电根据学校特点，依靠学科建设优势，以"最多跑一次"改革为契机，按照"让学生不等，来了管用，用了都说好"的要求，从解决学生报到入学、毕业离校，再到在校学习生活的高频事务办理，经过每一个具体问题的解决，推进学工、教务、后勤、安保等重点部门实现数据的全流程实时融通，努力实现学生信息从碎片到系统、从相对静止到全域流通，完成了从数据到大数据的转型升级。要实现工作效能的倍增，就要建立起教育引导的决策、实施、反馈、评估的工作机制。其实施的要点包括：用定性标准对大数据进行定性量化改造、用大概率思维排查小概率隐患、用工作规范创建结构化操作模块、用可视化程式推进扁平化落实、用常态化分析构建量化评估机制。

精准思政平台建设作为STARS学工文化建构的重要组成部分，成效显著。它建立了贯穿学生校园学习生活全周期、涵盖学生事务办理全领域的线上办事大厅，为师生提供"入学、在校、毕业离校"全过程、全终端的一站式服务，如新生迎新、奖助学金申请、贫困生认定、新生入学教育考试、就业信息获取、毕业生离校等事务服务，涵盖线上学生事务大厅、辅导员工作平台、迎新系统等产品。实现包括退改所选课程、请假、查课表、查成绩、查绩点、图书馆借阅信息等90%的学生高频事务网上办理，让学生事务从"最多跑一次"到"一次都不用跑"。

该平台建设的团队还研发了基于"协同创新""过程管理""大数据分析"理念的课堂考勤管理系统"上课啦"。原先100人的课堂考勤至少需要8分钟，现在最短15秒就能完成考勤统计，大大提高了教师管理课堂的效率。通过"上课啦"的使用，学生到课率显著提高，现在每天平均到课率97.6%。同时，"上课啦"还搭载智能AI语音提醒系统，点名一结束，系统自动连接智能AI语音系统给旷课的学生打电话提醒学生上课，同时告知旷课的纪律细则。系统也将考勤数据实时同步发送给辅导员，并对学生旷课原因和行为进行分类分析，提醒辅导员进行主动干预。"上课啦"点名系统为学校发现学业困难群体找到了突破口，能更加精准地帮扶学业困难学生，使得学业困难群体的帮扶从需求导向转向主动帮扶、提前帮扶、精准帮扶。

杭电精准思政平台就是根据因地制宜原则打造的品牌项目，是特色鲜明的

STARS 学工文化的重要组成部分。此外，诸如"我爱记单词"等 STARS 学工文化品牌项目，也都是在全校领导、学工团体和学生群体的共同努力下，基于因地制宜的原则、特色化的原则、差异化发展的原则，运用数字化、信息化的手段而开展的。STARS 学工文化品牌项目呈现出了百花齐放的状态，取得了良好的教育效果，且特色鲜明，获得了社会上的不少赞誉。

第二节　STARS 学工文化的发展目标

一般认为，目标具有主观性、方向性、现实性、社会性和实践性等五个方面的特性，而制定目标，对于实施计划具有指导性的意义。目标的重要性在于，引导个体不断努力，激发更大的动力。STARS 学工文化立足新时代高校学生工作的新特点、新要求，设置了科学合理的目标。

一、完善和健全更加先进的学工文化育人理念

（一）育人对象更加精准

大学生作为高校学生工作的主要育人对象，具有群体规模大、个性多样、家庭背景差异大、心理发展层次多等特点。例如，低年级的学生，关注的重点多是适应和融入新环境、参与校园活动、学习和提高自我水平；而到了高年级，学生关注的重点也逐渐转变为考研、就业、出国等。再如，家庭经济困难学生的日常行为模式与生活消费习惯往往与普通学生存在一定差异。大学生多样化的群体特点，要求高校学生工作团队更加精准地识别育人对象。精准育人，不是育人方法，不是教育目标，是对现实的反思与度量，是在育人过程中倡导的一种维度更高的育人理念。STARS 学工文化发展的目标之一就是实现由"大水漫灌"到"精准滴灌"的育人理念转变。具体而言，就是坚持"以生为本"的指导思想，充分尊重学生之间的差异性，构建分层分类的育人对象识别体系和多元的支持系统，同时将"因需施教"和"因材施教"相结合，兼顾学生的特定兴趣爱好和特定发展阶段，进一步丰富高校学生工作的方式，通过信息化、智能化管理，尽可能关注每一个学生的成长，在"润物细无声"中提升高校学工文化育人的实效性。

（二）育人过程更加精细

精细化管理强调以人为本，注重体系构建和过程、细节的管控，这与强调以学生为本，遵循学生工作的系统性、个体特性和科学性相统一的高校学生工作理念是相通的。STARS学工文化提出了育人过程更加精细的目标，旨在强调高校学生工作应在"精"字上动脑筋、在"细"字上做文章，不仅要实现育人过程的"面对面"，更要做到育人过程的"点对点"，进一步提升学生工作的实效性和针对性；旨在通过结合高校自身的具体要求和实际情况，坚持"育人为本、德育为先"的战略高度，努力"做精、做细、做实"，在日常的育人过程中精确把握学生各方面的需求、痛点和难点；旨在借助互联网、大数据等现代化的平台和技术，让学生工作实现每个过程都覆盖、每个环节都细化、每个步骤都规范、每个动作都具体、每个人员都落实，真正把高校学生工作做具体、做扎实、做精准。

（三）育人方法更加专业

党的十九届五中全会强调，要提升教师教书育人能力素质，大力培养高素质专业化教师队伍。传道者首先要自己明道，学生工作者更是如此，需要不断更新教育理念，掌握更加专业的育人知识和育人方法，更好地担起学生健康成长指导者和引路人的责任。育人需要方法，就STARS学工文化建设而言，需要不断提升思政教师和学工团队的知识素养与育人能力。"育人方法更加专业"，要求STARS学工团队不断强化自身的专业化、职业化能力。具体来讲，不断解放思想，持续更新育人理念，改进育人方式，掌握专业育人技能，刻苦钻研本职业务，努力提升育人本领。不论是思政教师海外研修计划还是国内相关专题培训，不论是辅导员素质能力大赛还是辅导员经验交流座谈，杭电通过"引进来"和"走出去"相结合的方式开阔学工团队眼界，通过"以赛促学、以赛促建"加强学工团队相关理论知识的储备，团队专业化能力迅速提高，终身学习理念贯穿于STARS学工文化建设始终。

二、培育和建设特色鲜明的学工文化优秀品牌

（一）品牌建设紧跟时代步伐，贴近学生实际

学工文化品牌是高校发展的灵魂和载体之一，学工文化品牌的建设，也是衡量学校整体水平的一个重要标志，是塑造学校形象、提升学校品位、寻求特色发展的

一个有效途径，是学校办学特色与个性魅力的具体体现。学工文化的品牌建设需要以校园文化为根本依据，STARS 学工文化的发展基于杭电 60 多年的学生工作文化积淀，融入新时代学生工作新要求，志在将 STARS 学工文化培育和建设成为全国先进、特色鲜明的优秀学工文化品牌。新时代的青年学生有着独特的成长规律与思想特征，且随着时代的变化而不断变化。因此，STARS 学工文化的发展目标中品牌的建设需要紧跟时代步伐，贴近学生实际，把解决学生实际困难与解决学生思想问题相结合，通过解决学生实际困难赢得学生信任，并在解决实际困难的过程中发现、了解、把握学生的思想问题，运用科学的、灵活的方法引导学生认识真理、坚持真理。学工团队要虚心听取师生意见，通过多种渠道收集建议和意见，与师生共同成长；用真诚换取真诚，用尊重换取理解，走进学生的内心世界，真正地把学生的小事、困难事当作自己的大事，把为学生排忧解难当作自己的工作常态。

（二）品牌发展紧扣学生主业，提升专业素养

聚焦学生专业是促进学生全面发展的重中之重。STARS 学工文化提出，要培养厚基础、宽口径、精术业的创新人才，将"德育为先、成才第一，提升学生专业素养"作为品牌发展的目标之一。其核心是树立以学生为本的理念，加强学风建设，通过紧扣学业发展、专业培养和就业服务等重点环节构建促进学生个性化发展的品牌育人模式；通过专业课与课程思政深度融合、课程实践与学生活动充分结合等方式，发挥思政教师与学生的主体性，引导学生主动确立专业发展目标；通过邀请教学名师、专业知名教授和创业成功人士等，举办"名师报告""名家讲坛""专业讲座"等，分类引导学生个性化的专业发展；通过"归国教师访谈会""优秀校友见面会"等活动，拓展学生专业学习视野的广度和深度，在学生的资源利用、学术研究等方面提供指导，以期帮助学生在个性化的专业认知的基础上，确定适合自己的发展目标，制定阶段性的学业与发展规划，提升学业水平。

（三）品牌管理细化教育过程，优化工作措施

高校学工文化品牌在其发展过程中能够逐渐积淀起跨越时空的社会认可度，是学生工作在学校和社会具有影响力的反映。STARS 学工文化认为，培育和建设特色鲜明的学工文化优秀品牌需要对学工文化品牌进行良好的管理，需要建立健全的制度和工作程序，需要不断结合育人过程优化工作措施，提高工作效率。建立 STARS

学工文化品牌的管理机制，要求 STARS 学工文化不断向学工品牌要质量、向学工品牌要效益、向学工品牌要声誉。STARS 学工文化的发展目标就是对照学校教育教学的质量要求，推进学校学工文化品牌的精细化管理，在细化教育过程的基础上，按照"精、准、细、严"的工作原则，不断加大 STARS 学工文化品牌精细化和智能化管理程度，做到把复杂的工作简单化，把简单的工作流程化，把流程的工作定量化，把定量的工作信息化，做到人司其职、人尽其才、人负其责、物尽其用。在 STARS 学工文化品牌的管理中，根据学工品牌育人的教育过程将工作分块、分类、分细，坚持以制度管人促事，做到各项工作都有章可循，在"严、细、实、恒"上下功夫，把常规抓好、把细节抓严、把过程抓实，促进 STARS 学工文化品牌提质进位。

（四）品牌影响深入师生内心，厚植家国情怀

厚植家国情怀，不仅是增强师生文化自信、培养中国特色社会主义建设者和接班人的有效路径，也是办好中国特色社会主义大学，加强高校学生工作的内在要求。教育家苏霍姆林斯基有句名言：一个真正热爱祖国的人，在各方面都是一个真正的人。杭电学子一直传承和坚守着蒋葆增老校长"国家大事，千万尽力"遗训的家国情怀，藏于心、刻于骨、现于行，走上工作岗位，成长为祖国建设的栋梁。杭电也把家国情怀载入校史，编进校歌，成为学校的育人理念。STARS 学工文化的发展需要不断扩大 STARS 学工文化品牌的影响力，借助品牌的宣传效应将学校的发展历程、学校的风貌和励志故事等广为传播，扩大受众面和影响力，不断深入师生的内心，使他们增强对学校的认同感和自豪感，在耳濡目染中感受和谐向上的校园文化氛围。STARS 学工文化发展的目标不仅是在不断传承和创新学工文化中积极探索具有学校特色的学工文化品牌育人路径，更是将家国情怀作为 STARS 学工文化新的时代内涵和印记，让师生在学工文化品牌的影响下无形中接受家国文化的滋养，增强文化自信。STARS 学工文化要培养的不是只关注房子、票子的功利主义者，不是只埋头于自我小世界的书呆子，更不是得过且过的"佛系"青年，而是"忠诚家国担大任，放眼世界竞自强"的有为之士。

三、构建全员高质量发展的学工文化工作格局

（一）全员协作，打造"敬业、专业、爱业"的高质量思政队伍

教育大计，教师为本。党的十八大以来，以习近平同志为核心的党中央高度重视思想政治理论课和师资队伍建设，对教师提出了"强政治""深情怀""新思维""广视野""严自律""正人格"的新要求。STARS学工文化认为，实现学生思政工作育人力量的集聚融合，关键是加强队伍建设，而高质量队伍建设需要全员协作。STARS学工文化建设首先要强化班子队伍建设，以政治思想和工作作风为抓手，注重提高学校领导班子自身的综合素质，落实好"四个一"制度，切实增强在教育、教学、服务和管理中的表率作用。此外，在教育教学改革项目、基本科研业务基金中，要设立学生工作研究专项，每年择优进行专项支持，引导学生工作队伍开展研究，努力培养专家型、创新型思政队伍。支持各二级学院结合学院特点和专业特色打造院级育人文化品牌，推进学生工作落实基层一线创新发展。STARS学工文化建设高质量思政队伍的骨干主要是与学生日常接触最多、对学生影响最大的辅导员群体。STARS学工文化建设中，要围绕学工队伍建设，按照专兼结合、以专为主原则，选拔优秀思政教师、青年专任教师和德才兼备的在读研究生充实兼职学工队伍，提升学工队伍的亲和力和感染力；选派思政队伍赴其他高校、基层单位和政府部门挂职锻炼，开展学生工作专题培训和育人技能评比，学习练就过硬本领；选拔推荐优秀学工人员定向攻读相关专业博士学位，鼓励学工队伍赴国内外高校交流访学，支持学工人员编写出版思政教育或学生事务管理类专著、教材，并予以专项经费支持；注重学工队伍职业生涯规划，支持职业化、转岗、学位深造不同的发展路径，激发其工作积极性。

（二）全过程协作，营造"讲诚信、知廉耻、求真知"的校园文化氛围

大学生处于成长和人生发展的关键期，虽然已经具备了一定的文化知识，但是在价值观、人生观、世界观的树立方面，在与人沟通、独立解决问题的能力培养等方面比较欠缺，面临着例如诚信滑坡、价值体系混乱等不可忽视的问题。校园文化，是一种无形的认识，良好的校园文化氛围能够以境化人，而教育也绝不是抽象的理论和空洞的说教，而是贯穿于大学生成长过程中的每个细节，这种认识是一个持续的、不断深化的过程。不断推进"三全育人"的深化改革，实现全员、全过程、全

方位育人，是新时代高校提升思想政治工作质量的重大举措，基于此，STARS学工文化提出，通过全过程协作，把思想政治工作贯穿教育教学全过程，融入学生成长成才各环节。从学生入学到毕业的每一个关键期，包括每个学期的开学和期末、双休日和寒暑假等，进行持续性、系统性和针对性的思想政治教育，保证学生成长的关键时期、关键节点不会出现教育缺位。此外，要激发人才培养过程管理以提升招生质量、提升专业素质实效以提高教书育人质量、增加就业指导力度以提升学生就业质量等，建设有杭电特色的校园文化，营造"讲诚信、知廉耻、求真知"的校园氛围。

（三）全方位协作，培养"有情怀、有本领、有品位"的新时代大学生

育人工作是一项复杂的系统工程，学生工作需要学校各部门、各单位密切配合、齐抓共管，才能全方位育人，让人人都育人、事事都育人，真正让"育人"落地。长期以来，STARS学工文化围绕"培养什么人、如何培养人、为谁培养人"的根本问题，结合学校文化积淀和育人特色，提出了培养"有情怀、有本领、有品位"新时代大学生的目标。STARS学工文化的发展目标是进一步加强顶层设计、统一协调，调动高校各部门、各单位的积极性，不但要使他们协同合作、各司其职，也要使他们在育人理念、育人方式上达成共识，协同构建有助于形成相嵌、连接、互补、共生的教育合力的育人体制机制，努力建构课程育人、科研育人、实践育人、文化育人、网络育人、心理育人、管理育人、服务育人、资助育人、组织育人的大学工格局。同时也从学生的成长成才需要出发，有效整合学校第一课堂、第二课堂和网络课堂全方位的育人平台，打通壁垒，调动相关部门积极参与，促进学校、企业和社会各方资源的深度整合，发挥集聚效应，实现多个课堂的无缝对接，更要把学工育人理念渗透进学生综合测评和奖学金评比、家庭经济困难生资助与勤工助学、学生组织建设与管理等与学生日常生活相关的工作中，融入主题教育、社会实践、志愿服务、校园环境建设等多种育人载体中，做到全方位育人。

四、强化和提升群星灿烂的学工文化工作成效

（一）文化强基，学生工作阵地进一步巩固

俗话说，"基础不牢，地动山摇"。文化强基，才能走得更远，没有垒土核心的

基础零部件，就不会有学工文化育人的万丈高楼。高校是思想政治工作的重要领域和前沿阵地，要强化 STARS 学工文化工作成效，必须加强学院各类育人阵地管理。近年来，微信、QQ、微博等网络线上平台成为大学生的主要沟通渠道。遇到困难和问题，大多数学生不是选择第一时间去寻求老师、家长或同学的帮助，而是会选择在网络平台寻求帮助或表达各种观点。STARS 学工文化的发展目标是聚焦主业，守正求新，主动抢占网络平台育人新阵地，注重趣味性，创新形式，丰富内容，引导广大学生学知识、长本领，弘扬主旋律，加强对网络育人阵地的指导，并给予必要的保障和支持。此外，学生社团是大学校园里深受学生欢迎的群众组织，是巩固学工文化育人阵地的有效途径之一，STARS 学工文化建设中，要依托以学生为主体、以学校为领导的学生社团建设模式，将 STARS 学工文化融入社团发展。寝室也是学生活动的重要场所，STARS 学工文化建设中，不仅要做好寝室的日常卫生安全工作，确保宿舍环境干净整洁，更要创新组织形式，构建优秀的寝室文化，切实加强寝室阵地育人工作。

（二）文化固本，学生服务保障进一步强化

面对高等教育的新形势，传统的教育和管理模式已很难满足高校学生工作的开展及学生发展的需要，高校必须转变工作理念，逐步从"重管理"走向"重服务"，牢固树立学生工作的服务意识，构建服务型学生工作体系。STARS 学工文化建设中，要由传统的管理型学生工作模式向服务型学生工作模式转变，为学生创造更加适合个性化成长的宽松学习环境，使学生的思想不断提升、情感不断升华、知识水平和能力不断提高。STARS 学工文化建设还要进一步凸显服务学生的功能，注重形成独立化的学生工作机制。例如，丰富各类文体活动，满足学生各种文化需求；简化工作办事的中间环节，着力提高服务大学生效率；推进中外合作，为有意向出国深造的学生提供全面的支持与保障；加强学生就业指导中心、学生心理健康教育中心和学生资助管理中心建设，关心学生、服务学生；建立健全学生需求反映平台，有效了解学生诉求，有力整合学生工作处、后勤管理等部门协同开展服务育人工作，满足学生全面发展与个性发展的需要。

（三）文化赋能，学工队伍能力进一步增强

让文化更有力量、让文化在学校生根，需要理念认同、发展和传承，而最核心的依靠是学工队伍。增强学工队伍的能力同样需要以文化人、以文培元，高校学生工作涉及管理学、教育学、社会学和心理学等各类专业知识以及就业指导、学生事务管理、创新创业等多个领域本领，是一项不断面临新形势、新挑战、新问题的工作，要进一步增强学生工作队伍的思想政治引领力和工作执行力，必须认识"打铁还需自身硬"的道理。STARS学工文化建设中，不仅要帮助学生工作者明确自己的职业定位和人生目标，设计个人的成长规划，通过规划定向，产生自主发展的需求，更要提供相应的支持平台，坚持线上线下相结合的混合式研修，让学生工作者"处处能学、时时可学"成为常态。多元的知识结构和良好的知识储备是高校学生工作者做好大学生思想政治教育的基石，要推进学工文化育人培训进学院、进宿舍、进办公室、进网络，实现培训提升常态化。要着力培养学生工作者在音乐、美术、体育等方面的一技之长，进一步融洽师生的感情，达到寓教于乐的效果，实现学工队伍能力的全面提升。

（四）文化润心，学生综合素养进一步提升

作为国家建设和社会发展的后备人才，大学生的综合素质提升是高校要重点关注的。要让大学生学会适应新的环境并具备在新环境中不断学习、创新、自我发展的能力，不仅是使大学生学到专业知识和专业技能，更重要的是使大学生具备较高的道德文化素质、健康的心理、强健的体魄等综合素质。STARS学工文化建设中，要结合学校情况，组织开展特色文化活动，着力提升学生的综合素质。活动可包含学科竞赛、知识竞赛、艺术技能大赛、体育比赛等各项赛事，以赛促学，借助比赛的形式扩大学生的参与面和参与度，把德育、智育、体育、美育、劳动教育渗透到各项文化活动之中，让大学生在参与校园活动和各项比赛的过程中得到知识的沉淀、能力的锻炼、精神的充实、道德境界的升华。此外，要积极引进书法、茶艺、武术、中医药、非遗项目、音乐艺术等高雅文化，让学生有机会近距离参与和感受经典文化、优秀传统文化的魅力，在欣赏、参与和感受中滋养文化品格。要不断创新学工文化育人的方法和载体，在此基础上，尊重各二级学院学生工作的文化个性，在学校整体的文化框架中，凸显各学院学生工作的文化特色，发挥学院特色学工文化润心的效果，使大学生汲取中华文化精髓，提高艺术修养和综合素质，做到德智体美劳全面发展。

五、弘扬和践行立德树人的学工文化初心使命

（一）强化本质思维，回归学生工作的初心本位

党的十八大提出，要把立德树人作为教育的根本任务，培养德智体美全面发展的社会主义建设者和接班人，要全面实施素质教育，培养学生社会责任感、创新精神和实践能力。2016 年 12 月，习近平总书记在全国高校思想政治工作会议上强调，要坚持把立德树人作为中心环节，把思想政治工作贯穿教育教学全过程。[①] 立德树人是高校的立身之本，事关"培养什么人、怎样培养人、为谁培养人"的根本问题。陶行知先生曾说："千教万教教人求真，千学万学学做真人。"由此可见，大学的教育不能光是注重学习成绩的提高，而要把"成人成才"放在培养目标的首位。学生工作者的初心就是培养人才，一要成人，二要成才。不忘初心，方得始终。STARS 学工文化建设中，要不断强化本质思维，坚持育人育才的初心，全面贯彻党的教育方针，落实立德树人根本任务，遵循教育规律和学生成长规律，追求不功利的、平等的教育，对每个学生的全面发展负责，为每个学生的终身发展奠基，把目光放在多年后学生成为合格公民、优秀人才，让学生尽情施展自己的才华，发挥出自己的潜能。

（二）强化辩证思维，把握学生工作的价值方位

无论是立德树人，还是"围绕、关照、服务"学生，牢牢把握学生工作的价值方位至关重要。大学生价值观养成需要正面引导、正面激励，面向社会矛盾，大学生更需要有正确的认识，树立正确的人生价值观，避免走上歧途。STARS 学工文化建设中，要回归学生工作的价值方位，不过分强调学生就业率、贫困学生资助率等学生工作的外在效果，而更加重视学生工作本身的价值以及开展工作过程中超越期望价值以外的追求，避免使学生工作为了追求立竿见影的效果，甚至不惜弄虚作假，陷入功利性的困境。此外，高校学生工作和大学生思想品德都是动态发展的过程，往往有较长的滞后性，因此，STARS 学工文化建设中，不宜采用于过度关注量化的、实证的评价方式，这只会制约学生工作的可持续发展，我们需要回归学生工作的人本属性，重视学生作为一个鲜活的生命体的情感体验和能力发展。

---

① 习近平：把思想政治工作贯穿教育教学全过程 开创我国高等教育事业发展新局面 [N]. 人民日报，2016-12-09.

（三）强化战略思维，保障学生工作的长远发展

学生工作具有特殊性，培养的是未来社会发展所需要的人才，高校学生工作虽然有其特殊性，但并不意味着只能独立地开展，相反，高校更需要站在全局的角度，推动形成内涵式、创造性的日常工作开展形势。中国特色不应让位于世界标准，我们需要探索符合中国特色的人才培养模式。STARS学工文化建设中，要坚持中国特色、树立世界眼光，在借鉴、融合、吸收的基础上推进创新发展，积极融入世界，加快和扩大新时代教育对外开放，构建具有全球视野的育人体系，引导学生把个人全面发展融入为国家建设服务、为人民服务的伟大事业中，实现学生发展需求与党和国家要求的同频共振。要把握矛盾的主要方面，结合新时代的发展要求，建立一套科学合理、切实可行的高校学生工作质量保障制度。唯有良制才能保障良治，要扎根中国、融通中外、立足时代、面向未来，致力于引领世界，培养学生的世界眼光、中国情怀，培养引领未来的领军领导人才，为世界科技发展和人类文明进步作贡献。

第三节　STARS学工文化的探索价值

学工文化建设是高等学校教育体系中的重要环节。在新时代浪潮的影响下，国家对人才的需求不再只停留于专业技术与知识储备的层面，而是延伸到了理想信念、创新思维、动手能力等综合素质层面，因此，高等教育肩负的责任不仅是传授知识，还包括思想教育、德育培养，促进学生全面发展。在这样的形势下，无论是学校改革发展、教职工成长进步，还是大学生成长成才，都需要先进的学工文化予以支持。STARS学工文化着眼于学生服务细节，关注学工团队建设，用欣赏的眼光鼓励师生成长，用责任和专业为学校发展保驾护航。STARS学工文化发展对创造新时代教育事业发展新局面具有重要意义。

一、科学构建育人体系，引导大学生成长成才

STARS学工文化坚持以"立德树人"为中心环节，以"服务学生"为实际目标，在学工文化发展建设的过程中，充分考虑新形势下学生学习成长的需求，有针对性

地丰富服务内容、创新服务路径、完善服务方式，有利于科学有效地构建新时代育人体系，从而引导大学生成长成才。

（一）深化价值引领，武装大学生思想

当前，世界正处于百年未有之大变局，我国的发展也正处于关键时刻。党的百年诞辰宣告了第一个百年奋斗目标的完美完成，充分展示了我国全面建成小康社会的发展实力，同时也指明了国家下一步的发展方向：建设中国特色社会主义现代化强国。党中央明确指出，人才是实现民族振兴、赢得国际竞争主动的战略资源。一方面，大学生作为未来社会发展的领航者，必须要有坚定的理想信念和正确的思想观念才能够承担起国家和民族的重托，肩负起中华民族伟大复兴的时代责任和历史使命。另一方面，我国的独特国情和发展历史决定了国家未来发展道路的特殊性，就是必须坚定不移地走中国特色社会主义道路。因此，国家未来建设者和接班人必须形成正确的价值观念，正确认识世界发展大势和中国特色。由此可见，在当下社会大背景下，大学生思想政治教育的重要性和紧迫性不言而喻。

科技的发展重新定义了教育路径，在为学生带来多元文化的同时，也加大了大学生思想政治教育的难度。学生随时随地都能够接触网络，各种思想文化相互激荡。互联网的开放与包容迎来了外来文化的输入，同时也带来了西方价值观的冲击，包含了多元价值观念的巨量信息容易对人生观、世界观、价值观都尚未定型的大学生造成理想信念层面的影响。高校是人才教育和人才培养的主阵地，必须坚持社会主义的办学方向。STARS 学工文化始终坚持以习近平新时代中国特色社会主义思想为指导，坚持"服务、团队、欣赏、责任、专业化"五位一体，通过各种途径深入学生群体，形成学生校园生活和学习的主流文化，通过润物无声的方式深化核心价值理念，更加深入地把握学生思想行为特点，加强学生理论学习教育和思想价值引领，让他们以正确的眼光看待世界发展格局，以习近平新时代中国特色社会主义思想为武器，脚踏实地、努力奋斗，绽放人生光彩。

（二）促进多元指导，满足大学生需求

在国际化背景下，社会生产需求对人才素质的要求不断更新，要求学生兼具"精神品质、技能水平、创新能力"等多重素质。[①] 学工文化融入于学生服务和学生工

---

① 李芳. 教育要肩负起实现中华民族伟大复兴的历史使命 [J]. 中国高等教育，2019（Z3）.

作，有责任也有义务帮助学生不断提升自我修养和综合素质。

第一，STARS学工文化关注学生心理健康。大学生的人生经历普遍比较单薄，心理承受能力较低，自我调节意识比较薄弱，当面临着来自互联网的各种诱惑，以及学习、就业等各方压力时，容易产生心理问题。STARS学工文化在构建之初就把"欣赏"作为重要元素之一。在学生工作应用层面，"欣赏"是指要发现学生的亮点，包容学生的不足，以赞美的方式鼓励学生不断完善自我，其目的就是让学生感受到关爱，满足学生的心理健康需求，教会学生自尊自爱、互帮互助。在STARS学工文化的指引下，学校教育着重关注学生的心理健康，努力培养学生健全的人格和平和的心态。只有先帮助学生成为一个积极乐观的人，学生才有基础去锻炼其他素质与能力。

第二，STARS学工文化把学生的学习生活摆在了重要的位置。辅导员是学工文化的重要力量，也是学生工作的一线主力。STARS学工文化坚持对辅导员开展细致全面的培训，让辅导员在接触学生日常事务的时候能够以负责任、专业化的态度处理学生问题，帮助学生处理好学习规划、兴趣拓展、课外实践、择业交友等方面的具体情况，让学生能够以正确的态度和方式处理问题、规划时间，从而更加理智、高效地完成自我规划、实现自我提升。

第三，STARS学工文化始终秉持以人为本的原则，围绕学生、关照学生、服务学生，把细心、爱心和耐心汇聚成专业服务，让教职工队伍发展成学生学习成长的人生导师和健康生活的知心朋友，为学生提供多元化的指导，满足学生在成长过程中的各项需求，帮助学生全面发展。

（三）丰富校园活动，培养大学生特长

STARS学工文化不仅是一个概念体系，也是校园各项文化活动的指导思想。学工文化中的各项理念和创新精神，都需要通过一系列的学生活动和具体的实施步骤去落实、传达。STARS学工文化落实传达的过程就是丰富校园活动的过程，具体表现为指导组建内容多样、种类丰富、体系健全的学生社团和广泛开展形式多样、健康向上、格调高雅的文化活动。

校园活动是学生的第二课堂。多彩多样的学生社团和趣味纷呈的文化活动是学生学习生活的调味剂，也是学生认识自我、挖掘自我、丰富自我的路径。一方面，科技学术和专业技能相关的社团活动能够给予学生一个把所学知识运用于实践的机会，让学生学以致用，在实践中验证和探索，了解课本局限性和自身知识体系的漏洞，激发学生学习兴趣，培养自主学习的能力，甚至是通过校园活动，深挖学生专业兴趣所在，鼓励学生朝着细分领域钻研、深耕。另一方面，不同类型的文体活动和劳动实践帮助大学生从自身的兴趣出发，体验不同的文化，寻找不同的生活和学习价值。通过实践活动，发现自己的潜能、发挥自己的所长、展示自己的才华、增强个人的自信，积累经验、丰富阅历、提升本领。

（四）革新服务路径，挖掘大学生优势

STARS 学工文化紧跟新时代的发展趋势，遵循新形势下的教育理念，推动学生工作传统优势与新时代信息技术高度融合，创新工作方式，革新服务路径，深入全面地了解当代大学生的思想特点、兴趣爱好，挖掘学生个体优势，因材施教，突出个性化教育。

STARS 学工文化引导下的教职工团队紧跟时代潮流，以年轻化的心态和视野融入学生当中，关注学生社交平台的发言和活动，沉浸式体验和了解学生生活的方方面面，全面加强与学生的互动交流，拉近与学生的距离，捕捉学生闪光点，并在日常的学习生活和学生活动中，鼓励学生展示自己的兴趣特长，为学生创造表现机会，培养学生自信，发展学生的个体优势。另外，运用新媒体新技术，搭建网络互动交流展示平台，引导学生学习媒体操作技能，鼓励学生培养一技之长，并创作网络媒体作品，将自己的兴趣爱好转化为文化作品等有形成果，在弘扬主旋律、传播正能量的同时，帮助学生探索新时代的无限可能。

综上所述，STARS 学工文化在学生工作应用层面具有重要的意义和价值，能够有效地构建科学、系统的育人体系，为学生提供多元、友爱、紧跟时代需求的服务指导，有利于学生的身心健康，能够引导学生全面发展、成长成才。

二、系统打造工作平台，助推辅导员全面发展

辅导员处于学生工作的第一线，既是学生思想政治教育的骨干力量，也是学生成长成才的人生导师和健康生活的知心朋友，更是学校稳定发展的基础力量。辅导员的工作能力和业务素质关系到教育事业的发展质量和发展速度，也关系到大学生能否成为社会主义合格建设者和可靠接班人。① 因此，辅导员队伍建设是学工队伍建设的重要组成部分，是人才强国战略下等教育高质量发展的关键，也是新时代中国特色社会主义高校建设的重要力量。《普通高等学校辅导员队伍建设》中提出："要把辅导员队伍建设作为教师队伍和管理队伍建设的重要内容，整体规划、统筹安排，不断提高队伍的专业水平和职业能力，保证辅导员工作有条件、干事有平台、待遇有保障、发展有空间。"STARS 学工文化从多个角度为辅导员的成长制定建设框架，明确发展方向，打造工作平台，提供专业培训，保障团队协作，有利于完善辅导员队伍建设体系，助推辅导员全面发展，让辅导员在日常工作中行事有标准、提升有空间、成长有动力、前进有方向。

（一）以 STARS 学工文化为抓手，规范辅导员工作方式

辅导员的日常工作渗透在学生学习成长中的各个方面，工作内容琐碎繁杂，工作量相对较大。在这样的情况下，尽管辅导员培训体系日趋完善，但也还是很难对每一个细节都进行细致的工作指导。因此，辅导员队伍需要一套细致全面的文化理论来指导实践工作，有效地帮助辅导员明确职责，规范工作流程，让辅导员在面对具体问题的时候有理可依、有据可循。STARS 学工文化拥有完善的工作原则和明确的工作目的。以 STARS 学工文化为抓手，能够规范辅导员的工作方式。通过深入学习和理解 STARS 学工文化的内涵和精髓，辅导员在工作的时候能够更加明晰自己的工作定位和工作目标：在执行基层教育工作时，做到行事有标准；在安排工作内容时，做到规划有主次。比如：STARS 学工文化中所强调的"服务"理念定义了辅导员的工作性质是服务学生，明确了辅导员无论什么时候都要把学生放在中心位置，强化服务意识才能够做好学生工作；"责任"理念则能够帮助辅导员在面对烦琐的日常工作时更好地调整心态，消除职业倦怠感，保持尽职尽责的工作精神；"专业化"要求能够勉励辅导员坚持学习，保持清醒的工作头脑，避免被事务性的工作缠身，增强团队合作意识，互相分担、互相帮助，形成系统化的工作模式。

（二）以 STARS 学工文化为方针，明晰辅导员学习目标

辅导员具有教师和管理员的双重身份，除加强师德师风建设外，辅导员还需培

---

① 胡忠浩.高校辅导员队伍高质量发展的时代意蕴、内涵特征及实践路径 [J].学校党建与思想教育，2021（19）.

养以学生管理为目的的综合素质能力，这就决定了辅导员队伍培训是学工团队培训的重点，需要具备多元性和全面性。STARS学工文化既是指导思想，也是考评标准。以STARS学工文化为方针，可以明晰辅导员的学习目标，让辅导员个体能够更有针对性地展开学习，进行职业化层面的自我完善，做到提升有空间。一是加强理论学习，提升服务能力。STARS学工文化引导辅导员扮演好大学生人生导师和知心朋友的双重角色，强调"服务"质量。这就要求辅导员主动了解教育学、心理学、社会学、管理学等相关学科知识，深刻学习中国特色社会主义理论体系，深入领会党的系列重要会议精神和习近平总书记系列重要讲话精神，掌握国家政策路线和相关法律法规知识，做到心中有基础、服务有质量、教育有水平。二是加强道德修养，提升引领能力。辅导员是与学生接触最为密切的一线人员，对学生的影响不言而喻。STARS学工文化强调工作中的"欣赏"，既是指辅导员要学会欣赏学生，挖掘学生的闪光点，也是指辅导员要提升自身素质，养成良好的品德和高尚的情操，以身作则，成为学生的榜样和表率，赢得学生的欣赏。三是加强团队沟通，提升协作能力。STARS学工文化强调"团队"，高质量教育不是某支教师队伍单独的任务，而是所有教职工的一致目标。辅导员需要在工作中不断提升组织管理能力和沟通协调能力，与学校各部门紧密协作，共同为学生成长和学校发展创造良好的环境，营造浓厚的氛围。

（三）以STARS学工文化为引领，鼓励辅导员各展所长

辅导员的个性化发展是学工团队建设体系中的重要一环。STARS学工文化为辅导员提供了办事平台和展示空间，让辅导员个体在内部和外部的双重刺激下，焕发成长动力，提升工作积极性。STARS学工文化建设中，辅导员以职业化、专业化发展为前提，"解锁"个性化成长模式。一方面，STARS学工文化的理念和规范能够对辅导员形成外在的约束，对辅导员自身形成引导，从而唤醒主动意识，使辅导员在自我成长中建立自律与他律的监督机制，以个体优势为立足点，实现职业化与专业化发展；另一方面，STARS学工文化鼓励教职工展示自我，辅导员之间能够有更多交流学习的机会，而学工文化培养出的优秀辅导员典范，又能彰显榜样的力量，鼓励辅导员各放光彩。

（四）以 STARS 学工文化为宗旨，实现辅导员自我价值

辅导员工作既是一份职业，也是一份事业。STARS 学工文化统一构建辅导员培训体系、统筹规划辅导员发展路径，有利于辅导员加强思想建设，把学生工作当成一份事业，在深入探索职业规范、职业守则、职业价值和职业发展内涵的过程中，了解工作的本质，收获工作成就，实现自我价值。以 STARS 学工文化为宗旨，辅导员在自我规划中更容易找到前进的方向，不断探索适合自己的职业化发展路径，探索专业领域的方法，进一步提升素质能力，朝着专业化、专家化的目标不断前进，在思想政治教育事业中实现自我价值。

三、重点聚焦服务理念，牢筑学工思想基础

正确的价值观念和服务理念是学校教职工端正品行、教书育人的根本，也是教师和教育工作者从事教育活动的思想基础。教职工队伍的思想观念不仅直接关系到学生工作和学生服务，影响着中国特色社会主义事业接班人的培养，也关系到学校的名誉声望和校园风气，影响着学校的长远发展。因此，STARS 学工文化在引领和指导方面的重要性也就不言而喻。STARS 学工文化聚焦职业理念、教育理念、价值理念、文化理念四个层面，对学校全体教育工作者展开了服务理念相关的思想引领和培训监督，帮助教职工牢筑正确的思想观念，夯实思想基础。

（一）树立无私的职业理念，倡导敬业爱生的服务意识

教师是人类灵魂的工程师。教育工作者对于其职业的态度在一定程度上决定了教育的成果。胡静娴在《高校青年教师职业道德建设探索》一文中提出："职业道德体现着高校教育教学工作中良好的社会公共道德，对于高校教师行业是否能够良性健康发展起着极其重要的作用。新时期，伴随教师职业实践的不断深化与丰富，教师职业道德的重要性越发体现了出来。"[①] 教育工作的本质是服务型的工作：传道授业是知识型服务，答疑解惑是思想型服务，课外活动是实践型服务，创业咨询是指导型服务。教职工就是这些服务的提供者，要想做好教育服务工作，就要有甘于奉献、潜心育人的无私精神。然而，当前经济全球化的发展带来了一定的负面效应，社会上存在着实用主义、拜金主义、享乐主义等消极思想，这类思想不仅会扭曲学

---

① 胡静娴. 高校青年教师职业道德建设探索 [J]. 产业与科技论坛，2022（2）.

生的价值观念，也会对教职工造成一定的影响，从而削弱教师无私奉献的职业精神。STARS 学工文化坚持服务至上，在思想引导和实际工作方面"两手抓"，深化服务意识，牢固树立无私奉献的职业理念。一方面，通过学工文化的浸润和引领，教育和引导教职工以学生服务为重心，定期开展培训讲座和个人谈话，密切关注教职工个人思想动向，培养敬业爱生的服务理念。另一方面，注重学校对教职工的服务和关怀，避免使用规章制度去束缚教职工的个人发展，提升教职工的工作幸福感，唤醒其事业心和责任感，用内在主观性驱动外在表现力，从而引导教职工牢固树立无私奉献的职业理念。

（二）树立良好的教育理念，塑造为人师表的自我觉悟

每所高校都拥有各自的教育理念，而学风建设和校园文化与之息息相关。教育理念往往是学校教育观点和教育经验的总结，体现出了高校在"培养什么样的人""为谁培养人"及"如何培养人"这些根本问题上的理解与把握。先进的教育理念能够促进学校教育教学改革，有助于提升学校的教学质量和学术声誉，既能够作为行动指南，引导教职员工科学育人，也可以作为约束和监督，规范师风师德建设，帮助教职工塑造为人师表的自我觉悟。STARS 学工文化基于"服务、团队、欣赏、责任、专业化"的教育服务理念，在推动学校学风建设和校园文化建设的过程中，有利于从服务的角度出发，不断审视课堂教育和实践教育中出现的问题，从学生的成长轨迹中把握教育规律，总结反思，实现新时代的教育理念创新。同时，STARS 学工文化也作用于教职工本身，约束和鼓励教职工在"服务、团队、欣赏、责任、专业化"方面不断加强自我修养，自觉塑造为人师表的典范，用人格魅力和内在修养吸引学生，用自身的思想言行和学术视野引导学生。

（三）树立正确的价值理念，形成积极向上的工作氛围

价值观是推动一个人作出一系列行为和决定的根本原因，正确的价值理念不仅能够帮助教职工树立良好的师风师德，也会对学生产生日积月累的潜在影响。因此，STARS 学工文化高度注重教职工的价值体系建设，努力形成积极向上的工作氛围。一是坚持价值导向。坚定学习中国特色社会主义核心价值观，定期开展相关理论教育实践活动，引导教师队伍和学工队伍树立新时代中国特色社会主义的价值观念，将社会主义核心价值观融入校园工作的方方面面，推动教职工在思想上达成共

识，凝心聚力，团结协作。二是坚持价值铸魂。努力在学校中营造良好的校园氛围，对教职工开展系统的价值理念培训，将新时代的正向价值观内化成教师的个人意志，引发教职工的内在认同感，主动进行观念创新，振奋个人精神，提升个人能力，优化教育服务。三是坚持价值规范。将社会主义核心价值观融入学生管理和校园文化建设等学工工作的具体方面，规范教职工的日常行为，引导教职工作出正确的价值判断，自觉摒弃不实作风，抵制不端行为，遵纪守法，尊重学术。

（四）树立先进的文化理念，传播正向主流的时代精神

中国特色社会主义是全面发展、全面进步的伟大事业，没有社会主义文化繁荣发展，就没有社会主义现代化。党中央高度重视社会主义文化建设，把文化自信和文化强国放在了重要的位置。高校肩负着文化传承创新的重要使命，有责任也有义务树立先进的文化理念，带动全校师生和职工团队弘扬时代主旋律，传播主流正能量。

STARS学工文化高度重视精神文化建设，积极传承中华优秀传统文化，通过学生社团活动和节日专题教育等形式，回顾中华千年文化，重温传统文化中的优秀人文历史，增加师生的文化知识储备，坚定文化自信；积极传播革命文化，广泛开展党史学习教育，带领师生深入了解革命历史，深刻体会革命文化，借助革命烈士的光荣事迹宣扬典型模范的精神信仰，教育引导全体师生和职工团队永葆初心、勇担使命；积极弘扬社会主义先进文化，组织学习党的各大会议精神和重要讲话精神，引导师生自觉学习治国理政新理念、新思想、新战略，厚植爱国主义情怀，夯实新时代责任意识，培养奋斗奉献精神。

四、深入研究经验做法，贡献杭电学工力量

STARS学工文化作为新时代、新形势下的学工创新体系，不仅有助于大学生和教职工的成长发展和学校的改革创新，其发展过程也是新形势下高等教育事业的重要创新和探索研究，发展成果亦有助于开创新时代高等教育事业新局面。

（一）探索新时代学工模式，共享杭电特色的学工经验

STARS学工文化既聚焦于杭电的教育服务创新，也探索研究学生工作中的共性问题。通过将学工文化应用于具体工作、具体问题的处理，深入探究学工建设创新

方式，不断升级工作思路，把握新时代高校教育工作的重点、难点，完善高校育人体系和服务体系，总结教育经验，形成科学的工作方法，探索高效率的工作路径。STARS 学工文化打造的高素质教职工队伍不仅为杭电储备了一批具有高度创新意识和优质服务能力的人才骨干，也在一定程度上强化了新时代思想政治教育工作的专家力量，有利于提升高等教育的总体理论研究能力，夯实思想政治教育的理论基础，深化中国特色社会主义理论体系，推动新时代高等教育事业创新发展。STARS 学工文化与时俱进，在实践中查漏补缺，探索学工建设的方法，并发起研讨交流，有利于总结新时代高校发展模式，分享学工建设的经验做法，为开创新时代高等教育事业新局面贡献杭电力量。

（二）探索高效率工作路径，打造百花齐放的学工生态

杭电以 STARS 学工文化为抓手，不断推进二级学院学生工作多样化发展，为其他高校乃至社会团体提供借鉴。多年来，各二级学院的学生工作呈现出了百花齐放、百家争鸣的局面，很多学院都打造出了亮点突出、特色鲜明的学生工作品牌。

外国语学院打造"我爱记单词"学习和测试平台，受到社会各界广泛赞誉。院领导作为项目负责人直接设计和推进项目开展。20 多名专业教师、6 名研究生参与，投入经费 20 万元，经过一年半的建设和测试，完成"我爱记单词"学习和测试平台建设，为全校 2 万余名学生提供了练习单词和测试单词的平台，广受师生好评。平台投用后，全校师生英语学习氛围更加浓厚，英语四、六级过级率显著提升，2021年英语四级年度首次过级率上升 5%，六级首次过级率上升 1.5%。该平台的建设和推广先后被《人民日报》《光明日报》、中国新闻网等数十家媒体报道，温州医科大学、湖州学院等一大批兄弟院校来校学习交流经验。上海《东方快评》认为"我爱记单词"学习测试平台起码有两重现实意义：其一，作为本土高频应用软件，学生每周自测、自考的时间、时长、间隔时间、状态等痕迹都会在系统中留存，形成学生学情画像，便于校方对学业困难学生提前帮扶；其二，"我爱记单词"App 等应用集成的大数据，对于心理预警、学业预警、家庭经济困难识别等，都是重要参考依据，成为学校精准思政工程数据链基础设施。目前，"我爱记单词"学习和测试平台已经成为学校精准思政平台的重要组成部分，多次被学校推荐并演示给上级部门和领导，教育部原部长陈宝生、省委副书记黄建发等领导考察时，都予以高度评价。不仅如

此，学院还推出《雷哥爱杭电》辅导员对话和宣讲栏目，以新媒体为载体，以立德树人为目标，不断开创学生思想政治工作的新方式。原创公益歌曲《快乐单车》《校园在静静等待》登上学习强国等官方平台并获浙江省高校"寻找身边的感动"活动十佳视频作品奖。借助快手等短视频平台，开展教育宣传工作，内容涵盖防诈骗教育、诚信考试教育、校园健康生活和日常知识普及等方面，以师生喜闻乐见的形式抓牢思想政治教育主阵地。

会计学院推出清廉修身文化节活动。以"四清四正"为总抓手，以"清廉修身"文化节为载体，结合党史学习教育，围绕"四个突出"，助力"清廉杭电"。一是突出党风正。开展"走百年历程，学百年党史"主题实践活动，足迹遍布25个红色场馆。连续6年实施"四领五看一坚持，汇聚会计正能量"主题党建品牌活动，参与学生逾3000人次。开展新远讲师团百场党史宣讲活动，覆盖9个地市级，53个社区，11所学校，近4万人次。二是突出"院风清"。出台《学院党委会议事规则》和《学院党政联席会议事规则》，激浊扬清，以"责"立院。针对师德高尚、清正廉洁的师生个人和集体，设立"正扬奖教金"，举办"会计之光，榜样力量"表彰大会予以表彰，正气正风，以"德"治院。建成"学院清廉修身小家"，设"清廉修身"主题墙一面，润物无声，以"廉"育人。全面推进"1+5"清廉文化建设布局，通过系列廉政文化活动的开展，润莲养韵，以"文"化人。三是突出"师风淳"。"立规矩，正己守道"，与每位教师签订《党风廉政建设责任书》，开展师德师风教育培训活动；"重才行，正心诚意"，组织班主任在校班课大赛上讲授清廉班课；"严标准，正风肃纪"，组织开展"与院长面对面"师生座谈会，引导教师规范自身言行。四是突出"学风浓"。打造清廉修身"四季育人"常态化体系。入学季，组织"听廉""感廉"，厚植清廉根基；考试季，开展诚信教育，筑牢思想防线；实践季，开展主题实践，知行结合践廉；毕业季，叮嘱廉洁从业，守住清廉底线。

人文艺术与数字媒体学院、法学院积极搭建网络思政教育平台，运用新媒体优势打造育人特色，开设"别人家的赫姐"微信公众号、《赫姐有聊》喜马拉雅音频和《赫姐时间》短视频。疫情防控期间，原创短视频打破常规，结合舞蹈、漫画、二次元、段子等元素，号召大学生"宅"家抗疫，多部作品还被浙江省教育厅和浙江团省委官方微博采用，全网累计点击关注量1000万人次以上，已被学习强国、《中国共青团》杂志、浙江省教育厅、中新网、浙江新闻客户端等转发报道。开设特色主题云课程，包括"艺术抗疫""法律抗疫"等主题，用线上线下相结合的方式打通思政育人"最后一公里"。

在杭电，还有很多学院都开展了结合学院实际、结合学生特点、有价值有意义的学生工作，不断助推学生成长成才，为建设丰富多彩的 STARS 学工文化提供了实践经验和智力支持，为培养新时代中国特色社会主义合格的建设者和接班人作出了重要贡献。

参考文献

1. 毕铁居 . 中学教师需要特征及激励管理研究 [D]. 重庆：重庆大学，2007.

2. 别敦荣，李家新 . 大学教师教学发展中心的性质与功能 [J]. 复旦教育论坛，2014（4）.

3. 陈艳芳，宁岩鹏 . 高校思想政治教育生态论研究 [M]. 秦皇岛：燕山大学出版社，2019.

4. 川汉族 . 教育服务理论的提出及其实践价值 [J]. 大学教育科学，2005（5）.

5. 董云川 . 论大学行政权力的泛化 [J]. 高等教育研究，2000（2）.

6. 高斌 . 新时期高校服务育人路径的思考 [J]. 学校党建与思想教育，2009（10）.

7. 胡静娴 . 高校青年教师职业道德建设探索 [J]. 产业与科技论坛，2022（2）.

8. 胡忠浩 . 高校辅导员队伍高质量发展的时代意蕴、内涵特征及实践路径 [J]. 学校党建与思想教育，2021（19）.

9. 华武佳 . "一站式"学生服务模式的探索与构建 [D]. 宁波：宁波大学，2015.

10. 教育部高等学校社会科学发展研究中心 . 国际化视野下的高校德育创新发展研究 [M]. 北京：高等教育出版社，2010.

11. 康德 . 道德形而上学原理 [M]. 苗力田，译 . 上海：上海人民出版社，2002.

12. 雷虎强 . 习近平加强高校思想政治工作思想研究 [J]. 中共福建省委党校学报，2018（8）.

13. 李芳 . 教育要肩负起实现中华民族伟大复兴的历史使命 [J]. 中国高等教育，2019（Z3）.

14. 李应军，郭梅 . 服务型学生工作研究 [J]. 思想政治工作研究，2007（1）.

15. 马大建 . 校长成长 教师成长 [M]. 郑州：大象出版社，2015.

16. 马克思恩格斯选集（第 1 卷）[M]. 北京：人民出版社，2012.

17. 马克思恩格斯全集（第 3 卷）[M]. 北京：人民出版社，1960.

18. 马克思恩格斯选集（第 3 卷）[M]. 北京：人民出版社，2012.

19. 马克思恩格斯选集（第 4 卷）[M]. 北京：人民出版社，2012.

20. 毛泽东文集（第 8 卷）[M]. 北京：人民出版社，1999.

21. 南京师范大学教育系 . 教育学 [M]. 北京：人民教育出版社，1984.

22. 漆小萍 . 高校学生事务管理 [M]. 广州：中山大学出版社，2005.

23. 单魁贤，李磊，曹佩红 . 论高校学生工作服务理念的确立 [J]. 长春大学学报，2007（6）.

24. 上官敬芝，王冬冬，王启万 . 高校专业文化建设的原则与路径探析 [J]. 教育探索，2016（11）.

25. 佘双好 . 以当代中国马克思主义为指导办好中国特色社会主义大学：学习习近平总书记在全国高校思想政治工作会议上的讲话 [J]. 求索，2017（10）.

26. 束方彦 . 教育信息化视角下高校服务育人能力的重要性及提升策略 [J]. 重庆电子工程职业学院学报，2021（8）.

27. 王媛 . 高等教育服务理念下的我国高校教师服务研究 [D]. 长春：东北师范大学，2008.

28. 王增学，张淑芳 . 专业文化引领下的课程建设研究：以应用型本科为例 [J]. 大学教育，2017（3）.

29. 习近平 . 习近平谈治国理政（第一卷）[M]. 北京：外文出版社，2014.

30. 叶澜 . 教育概论 [M]. 北京：人民教育出版社，1999.

31. 易际培 . 基于信息化的高校服务育人新体系构建 [J]. 才智，2010（11）.

32. 殷鸣镝，赵雪梅，刘翠 . 教育服务理论与学校管理理念转变的思考 [J]. 沈阳建筑大学学报，2005（3）.

33. 张丹平 . 高校后勤工作服务育人问题研究 [D]. 沈阳：辽宁大学，2011.

34. 张青 . 论大学中的专业文化建设 [J]. 中国石油大学学报（社会科学版),2007（2）.

35. 赵凡禹 . 管理学名著全知道 [M]. 上海：立信会计出版社，2012.

图书在版编目（CIP）数据

STARS学工文化的理论根脉与实践探索 / 钱波著. --
杭州：浙江大学出版社，2022.6
ISBN 978-7-308-22732-2

Ⅰ．①S… Ⅱ．①钱… Ⅲ．①学生工作－研究 Ⅳ.①G41

中国版本图书馆CIP数据核字（2022）第101502号

STARS学工文化的理论根脉与实践探索

STARS XUEGONG WENHUE DE LILUN GENMAI YU SHIJIAN TANSUO

钱　波　著

策划编辑	陈　翩
责任编辑	陈　翩
责任校对	丁沛岚
封面设计	米　兰
出版发行	浙江大学出版社
	（杭州市天目山路148号　　邮政编码　310007）
	（网址：http://www.zjupress.com）
排　　版	杭州林智广告有限公司
印　　刷	杭州高腾印务有限公司
开　　本	710mm×1000mm　1/16
印　　张	12.5
字　　数	220千
版 印 次	2022年6月第1版　2022年6月第1次印刷
书　　号	ISBN 978-7-308-22732-2
定　　价	68.00元